本書係「敦煌文獻系統性保護整理出版工程」項目成果

二〇二一—二〇三五年國家古籍工作規劃重點出版項目

「十四五」國家重點出版物出版規劃項目

國家古籍整理出版專項經費資助項目

中國國家圖書館藏敦煌文獻

中國國家圖書館 編

第一六册

BD00203～BD00218

國家圖書館出版社

DUNHUANG MANUSCRIPTS IN THE NATIONAL LIBRARY OF CHINA

016

BD00203 ~ BD00218

compiled by the

National Library of China

National Library of China Publishing House

顧問　方廣錩　郝春文　榮新江　李際寧

編纂出版　張志清　魏　崇　陳紅彥　殷夢霞　薩仁高娃
謝冬榮　劉　波　林世田　廖生訓

編纂　林世田　薩仁高娃　常蓋心　于　瑞　劉毅超
劉　波　劉炳梅　周升川　劉　婷　程佳羽
沈艷麗　高　雅

編輯　潘　竹　程魯潔　黃　鑫　苗文葉

審稿　孫　彥　耿素麗　宋志英　鄧咏秋

凡例

一　本書刊布中國國家圖書館藏敦煌文獻，以館藏編號爲序編排。

二　館藏編號采用「BD+ 流水號」格式，如 BD00001, BD16579 等。背面在編號後加 v 表示。一個編號包含多件文獻者，編號後分别綴以字母 A, B, C 等。一件文獻含有多個内容者，以數字 -1, -2, -3 等標明順序。

三　圖版有縮印或放大處另加説明，尺寸超出本書幅面的以摺葉形式呈現。

四　卷軸裝、梵夾裝、經摺裝等裝幀形制的敦煌文獻，各附外觀圖像。

五　每件文獻依次呈現外觀、正面、背面等。背面僅刊布有文字、圖像或其他要素的圖版，而略去素紙部分，背面圖版同樣以從右到左順序編排。凡有外題者，遵從以上原則。

六　除個别特殊情況外，爲保證閲讀連貫、流暢，圖版儘量通欄呈現。

七　各葉上方附該件文獻全圖，以高亮形式顯示本葉大圖在全卷中的位置。部分長卷文獻全圖衹能分多段呈現時，在上段末以 ‹ 符標示下段接續。卷尾内容不足一葉時，文獻全圖使用該圖卷尾部分，亦以 ‹ 符標示。背面圖版文字與正面文字方向相反時，文獻全圖按原貌顯示，正文翻轉呈現，以便閲讀研究，用 ⟲ 符標示。

八　文獻題名大體沿用中國國家圖書館此前所編多部敦煌文獻目録的考證，部分吸收學界最新研究成果略作調整和完善。文獻題名綜合參考原卷首題、尾題、外題確定，如原卷題名與該文獻正式名稱不同，則采用正式名稱；無題名者，或比定題名，或擬定新名。非漢文文獻在題名前標注語種。有分卷不同等其他情況者，括注於文獻名稱後。

九　本書著録使用通行繁體字，涉及原文中的人名、地名等，必要時保留原字形。

About this publication

1. The documents are presented in shelfmark order.
2. The shelfmarks are in the form BD plus a running number, eg. BD00001, BD16579, &c. If a given shelfmark contains multiple documents, these are distinguished by the letters A, B, C, &c. If a document has multiple contents, they are distinguished by the numbering 1, 2, 3, &c. The verso side of an item is indicated by the letter v.
3. If it has been necessary to reduce or enlarge the size of an illustration, the dimensions are indicated. If the size of an illustration exceeds the size of the book, a folding sheet is used.
4. If the document is a scroll, a folded sutra, or has a stitched binding, a picture of the whole object is provided to show its external appearance.
5. The cover, front, and back of each document are reproduced in sequence. The back of a document is only reproduced if it contains text, illustrations, or other markings, and it is oriented from right to left. If it is blank it is not reproduced.
6. Except in a few special cases, the lines of text are reproduced unbroken to make them coherent and easier to read.
7. An illustration of the complete document is reproduced at the top of each page, and the section where the main illustration appears is highlighted in order to indicate its position. If it has only been possible to reproduce a long scroll in sections, the direction symbol has been used to indicate where one illustration ends and the next one begins. If the end of the scroll occupies less than one page, the direction symbol is used to indicate its position in the illustration of the complete document. If the text on the back of the document has a different orientation from the text on the front, it is reproduced as it is, but is also rotated (indicated with the rotation symbol) so that it can be read easily.
8. The titles of the documents generally conform with those already established by the Library, but in some cases have been amended by drawing on the most recent scholarly research. The titles are derived firstly from the beginning of the text, then from the end of the text, and lastly from the cover. If the title of a document differs from its authoritative form, the authoritative form is used; and if a document has no title, one is either supplied by comparison with similar documents, or a new one is devised. If the document is not in Chinese, its language is indicated before the title. If the number of juan is different from that of the authoritative version, or if there are other irregularities, this is noted.
9. The documents in the book are in traditional Chinese characters. Where the title contains personal or place names, the original characters used for these names are retained.

(Translated by David Helliwell)

第一六册目録

BD00203 妙法蓮華經卷五

（後秦）鳩摩羅什 譯

453.8cm × 25cm

衆有大功者心甚歡喜
□□久在髻中不妄與人而今與之如來亦
復如是於三界中爲大法王以法教化一切
衆生見賢聖軍與五陰魔煩惱魔死魔共戰
有大功勳滅三毒出三界破魔網尒時如來
亦大歡喜此法華經能令衆生至一切智一
切世間多怨難信先所未説而今説之文殊
師利此法華經是諸如來第一之説於諸説
中最爲甚深末後賜與如彼强力之王久護
明珠今乃與之文殊師利此法華經諸佛如
來秘密之藏於諸經中最在其上長夜守護
不妄宣説始於今日乃與汝等而敷演之尒
時世尊欲重宣此義而説偈言

後末世時　持此經者　於家出家　及非菩薩
應生慈悲　斯等不聞　不信是經　則為大失
我得佛道　以諸方便　為說此法　令住其中
譬如強力　轉輪之王　兵戰有功　賞賜諸物
為馬車乘　嚴身之具　及諸田宅　聚落城邑
或與衣服　種種珎寶　奴婢財物　歡喜賜與
如有勇健　能為難事　王解髻中　明珠賜之
如來亦尒　為諸法王　忍辱大力　智慧寶藏
以大慈悲　如法化世　見一切人　受諸苦惱
欲求解脫　與諸魔戰　為是眾生　說種種法
以大方便　說此諸經　既知眾生　得其力已
末後乃為　說是法華　如王解髻　明珠與之
此經為尊　眾經中上　我常守護　不妄開示
今正是時　為汝等說　我滅度後　求佛道者
欲得安隱　演說斯經　應當親近　如是四法

今正是時 為汝等說 我滅度後 求佛道者
欲得安隱 演說斯經 應當親近 如是四法
讀是經者 常无憂惱 又无病痛 顏色鮮白
不生貧窮 卑賤醜陋 衆生樂見 如慕賢聖
天諸童子 以為給使 刀杖不加 毒不能害
若人惡罵 口則閉塞 遊行无畏 如師子王
智慧光明 如日之照 若於夢中 但見妙事
見諸如來 坐師子座 諸比丘衆 圍繞說法
又見龍神 阿脩羅等 數如恒沙 恭敬合掌
自見其身 而為說法 又見諸佛 身相金色
放无量光 照於一切 以梵音聲 演說諸法
佛為四衆 說无上法 見身處中 合掌讚佛
聞法歡喜 而為供養 得陁羅尼 證不退智
佛知其心 深入佛道 即為授記 成最正覺

又見自身　在山林中　脩習善法　證諸實相
深入禪定　見十方佛
諸佛身金色　百福相莊嚴　聞法為人說　常有是好夢
又夢作國王　捨宮殿眷屬　及上妙五欲　行詣於道場
在菩提樹下　而處師子座　求道過七日　得諸佛之智
成无上道已　起而轉法輪　為四眾說法　經千万億劫
說无漏妙法　度无量眾生　後當入涅槃　如烟盡燈滅
若後惡世中　說是第一法　是人得大利　如上諸功德

妙法蓮華經從地踊出品第十五

尒時他方國土諸來菩薩摩訶薩過八恒河
沙數於大眾中起合掌作礼而白佛言世尊
若聽我等於佛滅後在此娑婆世界勤加精
進護持讀誦書寫供養是經典者當於此土
而廣說之尒時佛告諸菩薩摩訶薩眾止

BD00203　妙法蓮華經卷五

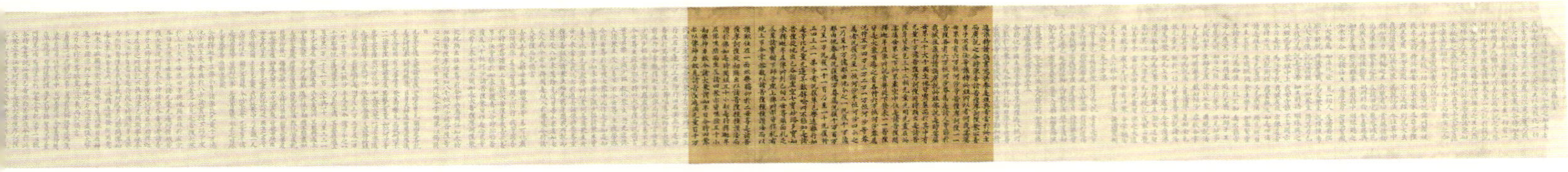

進護持讀誦書寫供養是經典者當於此土
而廣說之尒時佛告諸菩薩摩訶薩衆止善
男子不須汝等護持此經所以者何我娑婆
世界自有六万恒河沙等菩薩摩訶薩一一
菩薩各有六万恒河沙眷屬是諸人等能於
我滅後護持讀誦廣說此經佛說是時娑婆
世界三千大千國土地皆震裂而於其中有
无量千万億菩薩摩訶薩同時踊出是諸菩
薩身皆金色三十二相无量光明先盡在此
娑婆世界之下此界虛空中住是諸菩薩聞
釋迦牟尼佛所說音聲從下發來一一菩薩
皆是大衆唱導之首各將六万恒河沙眷屬
況將五万四万三万二万一万恒河沙等眷
屬者況復乃至一恒河沙半恒河沙四分之

乃至一万況復一千一百乃至一十況復将
五四三二一弟子者況復單己樂遠離行如
是等比无量无邊筭數譬喻所不能知是諸
菩薩從地出已各詣虚空七寶妙塔多寶如
来釋迦牟尼佛所到已向二世尊頭面礼足
及至諸寶樹下師子座上佛所亦皆作礼右
繞三帀合掌恭敬以諸菩薩種種讚法而以
讚歎住在一面欣樂瞻仰於二世尊是諸菩
薩摩訶薩從初踊出以諸菩薩種種讚法而
讚於佛如是時間經五十小劫是時釋迦牟
尼佛嘿然而坐及諸四衆亦皆嘿然五十小
劫佛神力故令諸大衆謂如半日尒時四衆
亦以佛神力故見諸菩薩遍滿无量百千万

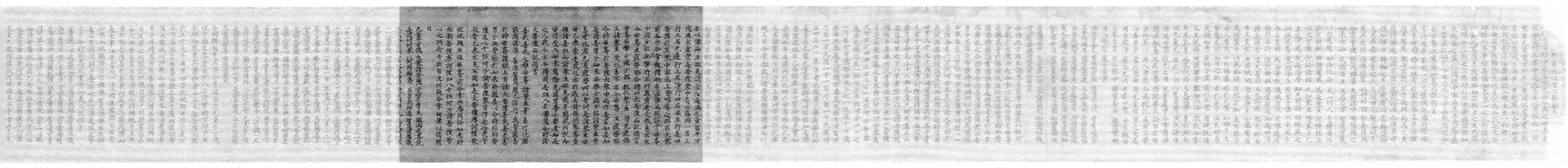

亦以佛神力故見諸菩薩遍滿无量百千万
億國土虛空是菩薩衆中有四導師一名上
行二名无邊行三名淨行四名安立行是四
菩薩於其衆中最爲上首唱導之師在大衆
前各共合掌觀釋迦牟尼佛而問訊言世尊
少病少惱安樂行不所應度者受教易不不
令世尊生疲勞耶尒時四大菩薩而說偈言
世尊安樂 少病少惱 教化衆生 得无疲惓
又諸衆生 受化易不 不令世尊 生疲勞耶
尒時世尊於菩薩大衆中而作是言如是如
是諸善男子如来安樂少病少惱諸衆生等
易可化度无有疲勞所以者何是諸衆生世
世已来常受我化亦於過去諸佛供養尊重
種諸善根此諸衆生始見我身聞我所說即

大菩薩而說偈言

善哉善哉大雄世尊　諸衆生等　易可化度

能問諸佛　甚深智慧　聞已信行　我等隨喜

於時世尊讚歎上首諸大菩薩善哉善哉善

男子汝等能於如來發隨喜心尒時弥勒菩

薩及八千恒河沙諸菩薩衆皆作是念我等

從昔已來不見不聞如是大菩薩摩訶薩衆

從地踊出住世尊前合掌供養問訊如來時

弥勒菩薩摩訶薩知八千恒河沙諸菩薩等

心之所念并欲自決所疑合掌向佛以偈問

曰

无量千万億　大衆諸菩薩　昔所未曾見　願兩足尊說

是從何所來　以何因緣集　巨身大神通　智慧叵思議

无量千万億 大衆諸菩薩 昔所未曾見 願兩足尊説
是從何所來 以何因緣集 巨身大神通 智慧叵思議
其志念堅固 有大忍辱力 衆生所樂見 為從何所來
一一諸菩薩 所將諸眷屬 其數无有量 如恒河沙等
或有大菩薩 將六万恒沙 如是諸大衆 一心求佛道
是諸大師等 六万恒河沙 俱來供養佛 及護持此經
將五万恒沙 其數過於是 四万及三万 二万及一万
一千一百等 乃至一恒沙 半及三四分 億万分之一
千万那由他 万億諸弟子 乃至於半億 其數復過上
百万至一万 一千及一百 五十與一十 乃至三二一
單己无眷屬 樂於獨處者 俱來至佛所 其數轉過上
如是諸大衆 若人行籌數 過於恒沙劫 猶不能盡知
是諸大威德 精進菩薩衆 誰為其説法 教化而成就
從誰初發心 稱揚何佛法 受持行誰經 脩習何佛道

我常遊諸國　未曾見是衆　我於此衆中　乃不識一人
忽然從地出　願説其因緣　今此之大會　无量百千億
是諸菩薩等　皆欲知此事　是諸菩薩衆　本末之因緣
无量德世尊　唯願決衆疑
尒時釋迦牟尼佛分身諸佛從无量千万億
他方國土來者在於八方諸寶樹下師子座
上結加趺坐其佛侍者各各見是菩薩大衆
於三千大千世界四方從地踊出住於虛空
各白其佛言世尊此諸无量无邊阿僧祇菩
薩大衆從何所來尒時諸佛各告侍者諸善
男子且待須臾有菩薩摩訶薩名弥勒釋迦
牟尼佛之所授記次後作佛已問斯事佛今
荅之汝等自當因是得聞尒時釋迦牟尼佛
告弥勒菩薩善哉善哉阿逸多乃能問佛如

菩之汝等自當因是得聞尒時釋迦牟尼佛
告弥勒菩薩善哉善哉阿逸多乃能問佛如
是大事汝等當共一心被精進鎧發堅固意
如來今欲顯發宣示諸佛智慧諸佛自在神
通之力諸佛師子奮迅之力諸佛威猛大勢
之力尒時世尊欲重宣此義而說偈言
當精進一心　我欲說此事　勿得有疑悔　佛智叵思議
汝今出信力　住於忍善中　昔所未聞法　今皆當得聞
我今安慰汝　勿得懷疑懼　佛无不實語　智慧不可量
所得第一法　甚深叵分別　如是今當說　汝等一心聽
尒時世尊說此偈已告弥勒菩薩我今於此
大衆宣告汝等阿逸多是諸大菩薩摩訶薩
无量无數阿僧祇從地踊出汝等昔所未見
者我於是娑婆世界得阿耨多羅三藐三菩

[illegible]
空中住於諸經典讀誦通利思惟分別正憶
念阿逸多是諸善男子等不樂在衆多有所
說常樂靜處勤行精進未曾休息亦不依止
人天而住常樂深智无有障礙亦常樂於諸
佛之法一心精進求无上慧尒時世尊欲重
宣此義而說偈言

阿逸汝當知　是諸大菩薩　從无數劫來　脩習佛智慧
悉是我所化　令發大道心　此等是我子　依止是世界
常行頭陁事　志樂於靜處　捨大衆憒閙　不樂多所說
如是諸子等　學習我道法　晝夜常精進　為求佛道故
在娑婆世界　下方空中住　志念力堅固　常勤求智慧
說種種妙法　其心无所畏　我於伽耶城　菩提樹下坐
得成最正覺　轉无上法輪　尒乃教化之　令初發道心
今皆住不退　悉當得成佛　我今說實語　汝等一心信

得成无上正覺 轉无上法輪 介乃教化之 介初發道心
今皆住不退 悉當得成佛 我今說實語 汝等一心信
我從久遠來 教化是等衆
介時弥勒菩薩摩訶薩及无數諸菩薩等心
生疑惑怪未曾有而作是念云何世尊於少
時間教化如是无量无邊阿僧祇諸大菩薩
令住阿耨多羅三藐三菩提即白佛言世尊
如來爲太子時出於釋宮去伽耶城不遠坐
於道場得成阿耨多羅三藐三菩提從是已
來始過四十餘年世尊云何於此少時大作
佛事以佛勢力以佛功德教化如是无量大
菩薩衆當成阿耨多羅三藐三菩提世尊此
大菩薩衆假使有人於千万億劫數不能盡
不得其邊斯等久遠已來於无量无邊諸佛
所殖諸善根成就菩薩道常修梵行世尊如

十五指百歲人言是我子其百歲人亦指年
少言是我父生育我等是事難信佛亦如是
得道已来其實未久而此大衆諸菩薩等已
於无量千万億劫為佛道故勤行精進善入
出住无量百千万億三昧得大神通久脩梵
行善能次第習諸善法巧於問荅人中之寶
一切世間甚為希有今日世尊方云得佛道
時初令發心教化示導令向阿耨多羅三藐
三菩提世尊得佛未久乃能作此大功德事
我等雖復信佛隨宜所說佛所出言未曾虛
妄佛所知者皆悉通達然諸新發意菩薩於
佛滅後若聞是語或不信受而起破法罪業
因緣唯然世尊願為解說除我等疑及未来

因緣唯然世尊願爲解說除我等疑及未來
世諸善男子聞此事已亦不生疑尒時弥勒
菩薩欲重宣此義而說偈言
佛昔從釋種　出家近伽耶　坐於菩提樹　尒來尚未久
此諸佛子等　其數不可量　久已行佛道　住神通智力
善學菩薩道　不染世間法　如蓮華在水　從地而踊出
皆起恭敬心　住於世尊前　是事難思議　云何而可信
佛得道甚近　所成就甚多　願爲除衆疑　如實分別說
譬如少壯人　年始二十五　示人百歲子　髮白而面皺
是等我所生　子亦說是父　父少而子老　舉世所不信
世尊亦如是　得道來甚近　是諸菩薩等　志固无怯弱
從无量劫來　而行菩薩道　巧於難問荅　其心无所畏
忍辱心決定　端正有威德　十方佛所讚　善能分別說
不樂在人衆　常好在禪定　爲求佛道故　於下空中住

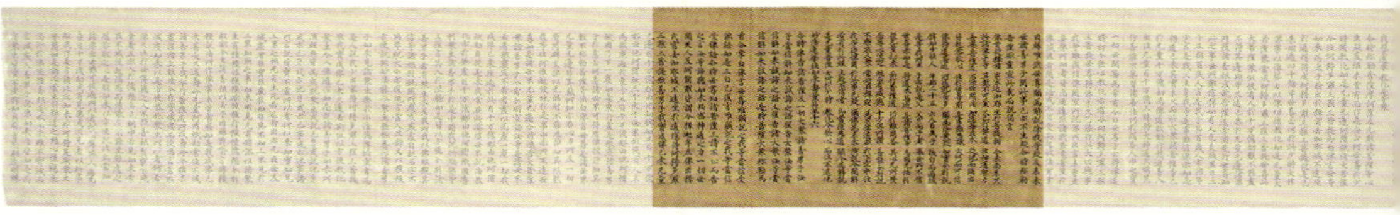

是无量菩薩　云何於少時　教化令發心　而住不退地

妙法蓮華經如來壽量品第十六

尒時佛告諸菩薩及一切大衆諸善男子汝
等當信解如來誠諦之語復告大衆汝等當
信解如來誠諦之語又復告諸大衆汝等當
信解如來誠諦之語是時菩薩大衆弥勒為
首合掌白佛言世尊唯願說之我等當信受
佛語如是三白已復言唯願說之我等當信
受佛語尒時世尊知諸菩薩三請不止而告
之言汝等諦聽如來秘密神通之力一切世
間天人及阿脩羅皆謂今釋迦牟尼佛出釋
氏宮去伽耶城不遠坐於道場得阿耨多羅
三藐三菩提然善男子我實成佛已來无量

氏宮去伽耶城不遠坐於道場得阿耨多羅
三藐三菩提然善男子我實成佛已來无量
无邊百千万億那由他劫辟如五百千万億
那由他阿僧祇三千大千世界假使有人末
爲微塵過於東方五百千万億那由他阿僧
祇國乃下一塵如是東行盡是微塵諸善男
子於意云何是諸世界可得思惟挍計知其
數不弥勒菩薩等俱白佛言世尊是諸世界
无量无邊非筭數所知亦非心力所及一切
聲聞辟支佛以无漏智不能思惟知其限數
我等住阿惟越致地於是事中亦所不達世
尊如是諸世界无量无邊尒時佛告大菩薩
衆諸善男子今當分明宣語汝等是諸世界
若著微塵及不著者盡以爲塵一塵一劫我

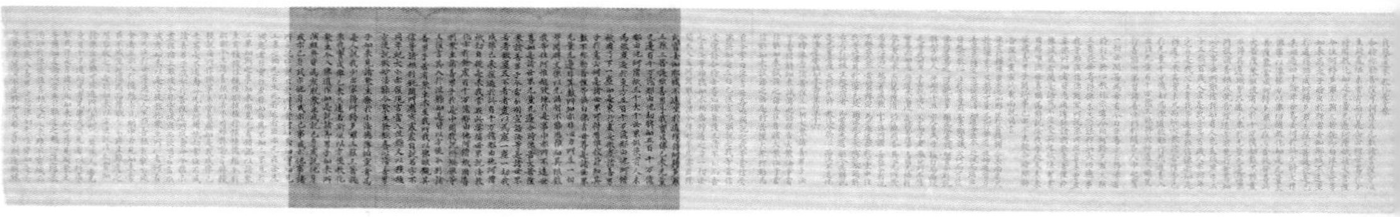

化亦於餘處百千万億那由他阿僧祇國導
利衆生諸善男子於是中間我說燃燈佛等
又復言其入於涅槃如是皆以方便分別諸
善男子若有衆生来至我所我以佛眼觀其
信等諸根利鈍隨所應度處處自說名字不
同年紀大小亦復現言當入涅槃又以種種
方便說微妙法能令衆生發歡喜心諸善男
子如来見諸衆生樂於小法德薄垢重者為
是人說我少出家得阿耨多羅三藐三菩提
然我實成佛已来久遠若斯但以方便教化
衆生令入佛道作如是說諸善男子如来所
演經典皆為度脫衆生或說己身或說他身
或示己身或示他身或示己事或示他事諸

或示己身或示他身或示己事或示他事諸
所言說皆實不虛所以者何如來如實知見
三界之相无有生死若退若出亦无在世及
滅度者非實非虛非如非異不如三界見於
三界如斯之事如來明見无有錯謬以諸衆
生有種種性種種欲種種行種種憶想分別
故欲令生諸善根以若干因緣譬喻言辭種
種說法所作佛事未曾暫癈如是我成佛已
來甚大久遠壽命无量阿僧祇劫常住不滅
諸善男子我本行菩薩道所成壽命今猶未
盡復倍上數然今非實滅度而便唱言當取
滅度如來以是方便教化衆生所以者何若
佛久住於世薄德之人不種善根貧窮下賤
貪著五欲入於憶想妄見網中若見如來常

諸佛出世難可值遇所以者何諸薄德人過无
量百千万億劫或有見佛或不見者以此事
故我作是言諸比丘如來難可得見斯衆生
等聞如是語必當生於難遭之想心懷戀慕
渴仰於佛便種善根是故如來雖不實滅而
言滅度又善男子諸佛如來法皆如是為
度衆生皆實不虛譬如良醫智慧聰達明練

BD00204 最上乘論

（唐）弘忍 述

BD00204v 藏文等雜寫

179cm × 27.5cm

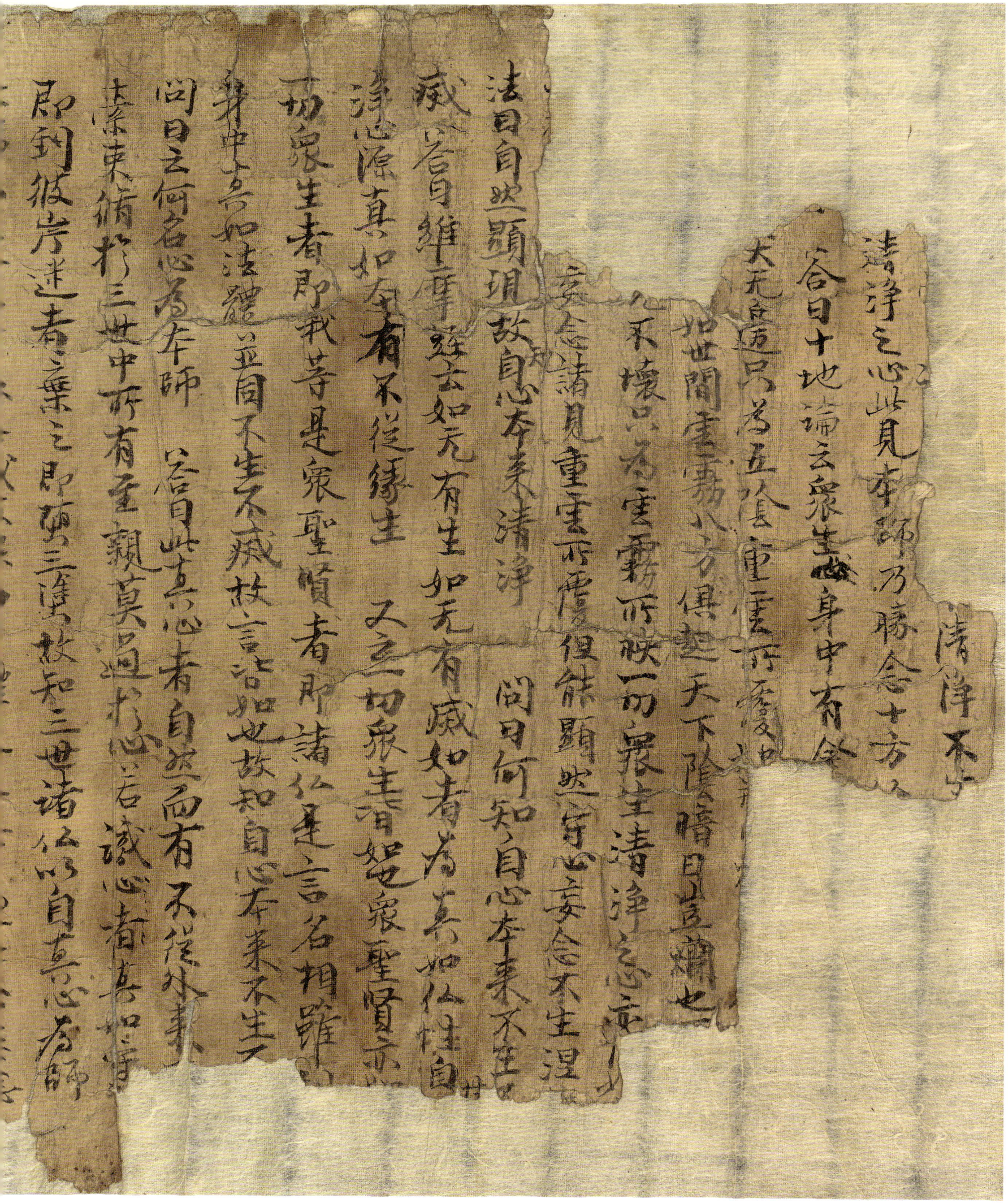

清淨不
清淨之心此見本師乃勝念十方
答曰十地論云衆生身中有金
大无邊只為五陰重雲所覆也
如世間雲霧八方俱起天下陰暗日豈爛也
不壞只為雲霧所映一切衆生清淨之心亦
妄念諸見重雲所覆但能顯然守心妄念不生涅
問曰何知自心本來不生
法曰自然顯現故自心本來清淨
滅答曰維摩經云如无有生如无有滅如者為真如仏性自
淨心源真如本有不從緣生　又云一切衆生皆如也衆聖賢亦
一切衆生者即我等是衆聖賢者即諸仏是言名相雖
身中真如法體並同不生不滅故言皆如也故知自心本來不生
問曰云何名心為本師　答曰此真心者自然而有不從外來
不案束脩於三世中所有至親莫過於心若識心者真心守
即到彼岸迷者棄之即墮三塗故知三世諸仏以自真心為師

故論云　衆生者ヽ依妄識波浪而有體是虛妄了然ヽ守心妄念
不起即到彼无生故知心為本師　問曰云何名心得勝仏心
答曰常念他佛仏不免生死守我本心得到彼岸故金剛般若經云
若以色見我以音聲求我是人行邪道不能見如來故知守
真心勝念他仏又言勝者只是約行勸人之語其實究竟果體平等
无二　問曰衆生與ヽ仏真ヽ體既同何故諸仏不生不滅受無量
快樂自在无㝵我等衆生墮ヽ生死中受種種苦者何
答曰十方諸仏悟達法性皆自照了心源妄想不生不失正念我所
心滅故得不受生死ヽ不生死故即畢竟寂滅以寂滅故万樂自
歸一切衆生迷於真ヽ聖不識本心種ヽ妄緣不修正念不正念故即
憎愛心起以憎愛故即心器破漏故即受生死有生死故即諸苦
自現心王經云真ヽ如仏性沒在知見六ヽ識海中沉輪生死不得
解脫努力會是守真心妄念不生我所心滅故自然與仏平等
問曰真ヽ如法性同一无二迷應俱迷悟應俱悟何故仏獨覺悟
衆生昏迷因何故尒　答曰自此已上入不可議分非凡境所
及識心故悟失性故迷緣合即合[illegible]

衆生皆迷因何故尒　答曰自此已上入不可議分非凡境所
及識心故悟失性故迷緣合即合不可定說但真諦信自守
真心故維摩經云無自性無他性法本不生今則無滅此悟即
離二邊入無分別智若解此義但於行住坐臥恒常凝然守
本淨心妄念不生我所心滅自然證解更欲廣起問答名義轉
多欲知法要守心第一　守心者乃是涅槃之根本入道之
要門十二部經之宗三世諸佛之祖　問曰何知守心是涅槃之根本
答曰涅槃者體是寂滅無為安樂我心既真妄想即斷妄
想斷故即具正念正念具故即寂照智生故即窮達法性故即
達法性故即得涅槃故知守心是涅槃之根本　問曰何知守心
是入道之要門　答曰乃至舉一手爪甲畫佛像或造恒沙功
德者只是佛為教導無智慧衆生作當來之因勝緣報
業及見佛之因若願自身早成佛者會是無守真心三世諸
佛無量無邊若有一人不守真心得成佛者無有是處故經云
正心一處無事不辦故知守心是入道之要門　問曰何知守

真心是十二部經之宗　答曰如來於一切經中廣說一切罪
福一切因緣果報或引一切山河大地草木等種種物起无量无
邊譬喻或現无量神通種種變化者只是仏為教導无智
慧衆生有種種欲心行万善是故如來隨其心門引入常樂
既躰知衆生仏性本來清淨如雲底日但了然守真心妄念雲
盡慧日即現何須更多學知見歸生死苦一切義理及三世之
事譬如磨鏡塵盡自然見性即今无明心中學得者終是
无用若能了然不失正念无為心中學得者此是真學雖言真
學竟无所學何以故我及涅槃二皆空故无二无一故无所學法
體非空要須了然守真心妄念不生我所心滅故涅槃經云知
仏不說法者是名具足多聞故知守真心者是十二部經之宗
問曰何知守心是三世諸仏之祖　答曰三世諸仏皆從識性中生妄
念不生識性中生我所心滅識性中心先守真心後得成仏故知守心
是三世諸仏之祖上來四種問答若欲廣說何窮吾直擧汝
自識本心是故慇懃如是努努力力千經万論莫過守真心是要
努力吾案法華經云示汝車寶藏明珠妙藥等物汝自不取不

好乃吾家法華經云亦汝車寶藏明珠妙藥等物汝自不取不
服窮苦奈何〻會是妄念不生我所心滅一切功德自然圓滿不
假外求歸生死苦於一切處念〻察心莫受現在樂種未來苦
自誑〻他不脫生死努〻力〻今雖無用共作當來之因莫使三
世虛受度枉喪功夫經云常處地獄如遊園觀在餘惡道如己
舍宅我等眾生今見如此不覺不知驚怖煞人了無出心奇哉若
初心學坐禪者依無量壽觀經端坐正身閉目合口心前平視
隨意近遠作一日想守之念〻不住即〻善調氣息莫使乍麁
乍細即令人成〻病苦夜坐時或見一切〻善惡境界或入青黃赤白
諸三昧或見自身出入光明或見如來身相或有種〻變現
知時攝心莫著皆並是空〻妄想而現經云十方國土皆如虛空又
云三界虛幻唯是一心作若不得定不見一切境界者亦不須怪
但於行住坐臥中恒常了然守真〻心會是妄念不生我所心
即滅一切万法不出自心所以諸佛廣說若許譬喻者只為眾
生行行不同遂使教門差別其實八万四千法門三乘位體
七十二賢聖行宗莫過自心是本若能自識本心念〻磨練

者於念々中常供養十方恒沙諸佛十二部經念々常轉法輪
若了心源者一切心義无窮一切具足一切行滿一切皆辯不受後有
會是妄念不生我所心滅捨此身已定得无生不可思議努力
莫造大如此要門語難可得聞々而能行者恒河衆中莫過
有一行者而能到者億々劫中希有一人好々自安靜善調
諸根熟視心源恒令照了清淨勿令无記　問曰云何是无記
答曰諸攝心人為緣外境麁心少息內鍊真心々未淨時於行住
坐臥中恒徵意看心由未能得了々清淨獨照心源是名无記也
是漏心猶不免生死大々病況復總不知守心者是人流沒生死苦海
何日得出可憐努力經云衆生若不精誠不內發者於三世中
縱值恒沙諸佛无所能為經云衆生識心自度佛不能度衆生者
過去諸佛恒沙无量何故我等不成也只是精誠不內發是故流
沒苦海努力過去不知已過悔々不及今身現在有遇得聞分明
相語快々解此語了知守心是一道不肯發至心求願成佛受无量
自在快樂乃始輕々隨俗貪求名利當來墮地獄中受
種々苦惱奈何努力但能著破衣喰麁食了然守心佯癡最
省氣力而能有功世間迷人不解此理於无明心多涉艱辛廣修
[illegible]

有氣力而能有切世間迷人不解此理於无明心多涉艱辛廣修
相善望得解脫乃歸生死苦了了不失正念而度衆生者是大
力菩薩分明語汝守心第一不肯現在一生忍苦欲得當來萬劫
受殃　聽聽汝更知何　八風吹不動者真是珍寶山若欲知果
體者但於萬境起恒沙作用巧辯若流應病與藥而能妄念不
生我所心滅者真出世丈夫如來自在嘆何可盡吾說此言者至
心勸汝不生妄念滅我所心　問曰云何是我所心　答曰為有
少許勝他自念我能如是我所心涅槃中病涅槃經云譬如虛空
能含容萬物而此虛空不自念言我能如是此喻我心所滅趣
金剛三昧病行二門　問曰諸至行人求真常寂滅者
世間无常麁善不樂於第一義諦真常妙善未現只欲
發心緣義逆思覺心起即是漏心只欲亡心无所即无明昏住又不當理
只欲不亡心不緣義即妄取空雖受人身行畜生行爾時无有定慧
方便而不能得了了明見佛性只是行人沉沒之處若為進趣得到无餘
涅槃願示真趣　答曰會是信心具足志願成就緩緩靜心更重教汝
好自閑淨身心一切无所攀緣端坐正身令氣息調徵其心不在內不在
外不在中間好好如如穩熟看即及見此心識流動猶如水流陽炎葉葉不住既

[illegible]
見此識時唯是不內不外緣々如々穩看熟即返覆融消虛凝湛住其
此流動之識颯然自滅々此識者乃是滅十地菩薩眾中障或此識身
等滅已其心即虛凝㝡怕皎潔泰然吾更不能說其形狀汝若欲得知者
取涅槃經金剛身品及維摩經見阿閦佛品緣々尋思是實語能得於
行住坐臥中及對五慾八風不失此心者是人梵行已立所作已辦究竟不受生
死々身五慾者色聲香味觸八風者利衰毀譽稱譏苦樂此是行人磨
鍊佛性處甚莫怪今身不得自在經云世間無佛住地菩薩不得現用要脫
此報身眾生過去根有利鈍不可判上者一念間下者無量劫若有力時
隨眾生起菩提善根自利々人莊嚴佛道要須了四依乃々窮實相若依
文執即失真宗諸比丘等學他出家修道此是出家出生死家是名
出家正念具足修道得成及至解身支節臨命終時不失正念即是
證知若乖聖理者願懺悔除滅當々若聖道者迴施眾生願皆識
本心一時成佛聞者努力當來成佛願在前度我門徒　問曰此論從首
至末皆顯自心是道未知果行二門是何門而攝　答曰此論顯一乘
為宗然其至意道迷趣解自免生死乃能度人直言自利不說
利他約行門攝　若有人依文行者即在前成佛若我誑汝當來
墮十八地獄指天地為誓若不信我世々被虎狼所食

BD00204v　藏文等雜寫

BD00205 妙法蓮華經卷三

（後秦）鳩摩羅什 譯

BD00205v 回鶻文勘記

291.8cm × 26.9cm

梵天王而說偈言
世尊轉法輪　擊甘露法鼓　度苦惱衆生　開示涅槃道
唯願受我請　以大微妙法　哀愍而敷演　无量劫習法
尒時大通智勝如来受十方諸梵天王及十六王
子請即時三轉十二行法輪若沙門婆羅門若
天魔梵及餘世間所不能轉謂是苦是苦集是
苦滅道及廣說十二因緣法无明緣行行緣識識
緣名色名色緣六入六入緣觸觸緣受受緣愛愛緣取取
緣有有緣生生緣老死憂悲苦惱无明滅則行
滅則識滅識滅則名色滅名色滅則六入滅六入滅
則觸滅觸滅則受滅受滅則愛滅愛滅則取滅取
滅則有滅有滅則生滅生滅則老死憂悲苦惱滅
佛於天人大衆之中說是法時六百万億那由他人以

億恒河沙那由他等衆生亦以不受一切法故而於
諸漏心得解脫從是已後諸聲聞衆无量无邊
不可稱數尒時十六王子皆以童子出家而爲沙
諸根通利智慧明了已曾供養百千万億諸佛
淨脩梵行求阿耨多羅三藐三菩提俱白佛言世
尊是諸无量千万億大德聲聞皆已成就世尊亦
當爲我等說阿耨多羅三藐三菩提法我等聞
已皆共脩學世尊我等志願如來知見深心念佛自
證知尒時轉輪聖王所將衆八万億人見十六王
子出家亦求出家王即聽許尒時彼佛受沙彌
請過二万劫已乃於四衆之中說是大乘經名妙
法蓮華教菩薩法佛所護念說是經已十六沙
彌爲阿耨多羅三藐三菩提故皆共受持諷誦

法蓮華教菩薩法佛所護念說是經已十六菩
彌爲阿耨多羅三藐三菩提故皆共受持諷誦
通利說是經時十六菩薩沙彌皆悉受聲聞
衆中亦有信解其餘衆生千万億種皆生疑惑
佛說是經於八千劫未曾休廢說此經已即入静
室住於禪定八万四千劫是時十六菩薩沙彌
知佛入室寂然禪定各昇法座亦於八万四千
劫爲四部衆廣說分別妙法華經一一皆度六
百万億那由他恒河沙等衆生示教利喜令發
阿耨多羅三藐三菩提心大通智勝佛過八万四
千劫已從三昧起往詣法座安詳而坐普告大衆
是十六菩薩沙彌甚爲希有諸根通利智慧明
了已曾供養无量千万億數諸佛於諸佛所常
脩梵行受持佛智開示衆生令入其中汝等皆

不毀者是人皆得阿耨多羅三藐三菩提如來之
慧佛告諸比丘是十六菩薩常樂說是妙法
蓮華經一一菩薩所化六百万億那由他恒河沙等
衆生世世所生與菩薩俱從其聞法悉皆信解以
此因緣得值四万億諸佛世尊于今不盡諸比丘我
今語汝彼佛弟子十六沙彌今皆得阿耨多羅三
藐三菩提於十方國土現在說法有无量百千万億
菩薩聲聞以為眷屬其二沙彌東方作佛一名阿閦
在歡喜國二名須弥頂東南方二佛一名師子音二
名師子相南方二佛一名虛空住二名常滅西南方
二佛一名帝相二名梵相西方二佛一名阿弥陁二
名度一切世間苦惱西北方二佛一名多摩羅跋栴
檀香神通二名須弥相北方二佛一名雲自在二名

檀香神通二名須彌相北方二佛一名雲自在二名
雲自在王東北方佛名壞一切世間怖畏第十
六我釋迦牟尼佛於娑婆國土成阿耨多羅三
藐三菩提諸比丘我等爲沙彌時各各教化无
量百千万億恒河沙等衆生從我聞法爲阿耨
多羅三藐三菩提此諸衆生于今有住聲聞地者
我常教化阿耨多羅三藐三菩提是諸人等應
以是法漸入佛道所以者何如來智慧難信難解尒
時所化无量恒河沙等衆生者汝等諸比丘及我
滅度後未來世中聲聞弟子是也我滅度後復
有弟子不聞是經不知不覺菩薩所行自於所得
功德生滅度相當入涅槃我於餘國作佛更有
異名是人雖生滅度之想入於涅槃而於彼土
□□□□得聞是經唯以佛乘而得滅度更

知涅槃時到眾又清淨信解堅固了達空法
深入禪定便集諸菩薩及聲聞眾為說是
經世間无有二乘而得滅度唯一佛乘得滅
度耳比丘當知如來方便深入眾生之性知
其志樂小法深著五欲為是等故說於涅槃
是人若聞則便信受譬如五百由旬險難惡道
曠絕无人怖畏之處若有多眾欲過此道至珎
寶處有一導師聰慧明達善知險道通塞
之相將導眾人欲過此難所將人眾中路懈退
白導師言我等疲極而復怖畏不能復進前
路猶遠今欲退還導師多諸方便而作是念此
等可愍云何捨大珎寶而欲退還作是念已

等可愍云何捨大珎寶而欲退還作是念已
以方便力於險道中過三百由旬化作一城告
衆人言汝等勿怖莫得退還今此大城可於中
止隨意所作若入是城快得安隱若能前至
寶所亦可得去是時疲極之衆心大歡喜歎
未曾有我等今者免斯惡道快得安隱於
是衆人前入化城生已度想生安隱想尒時
導師知此衆心既得止息无復疲惓即滅
城語衆人言汝等去來寶處在近向者大城
我所化作為止息耳諸比丘如來亦復如是今
為汝等作大導師知諸生死煩惱惡道險
難長遠應去應度若衆生但聞一佛乘者

久受懃苦乃可得成佛知是心怯弱下劣以
方便力而於中道為止息故說二涅槃若眾
生住於二地如來尒時即便為說汝等所作未
辦汝所住地近於佛慧觀察籌量所得涅槃
非真實也但是如來方便之力於一佛乘分
別說三如彼導師為止息故化作大城既知息
已而告之言寶處在近此城非實我化作耳
尒時世尊欲重宣此義而說偈言
大通智勝佛　十劫坐道場　佛法不現前　不得成佛道
諸天龍神王　阿脩羅衆等　常雨於天華　以供養彼佛
諸天擊天鼓　并作衆伎樂　香風吹萎華　更雨新好者
過十小劫已　乃得成佛道　諸天及世人　心皆懷踊躍
彼佛十六子　皆與其眷屬　千萬億圍遶　俱行至佛所
頭面礼佛足　而請轉法輪　聖師子法雨　充我及一切

彼佛十六子　皆與其眷屬　千万億圍遶　俱行至佛所
頭面礼佛足　而請轉法輪　聖師子法雨　充我及一切
世尊甚難值　久遠時一現　為覺悟群生　震動於一切
東方諸世界　五百万億國　梵宮殿光曜　昔所未曾有
諸梵見此相　尋來至佛所　散華以供養　并奉上宮殿
請佛轉法輪　以偈而讚歎　佛知時未至　受請嘿然坐
三方及四維　上下亦復尒　散華奉宮殿　請佛轉法輪
世尊甚難值　願以大慈悲　廣開甘露門　轉无上法輪
无量慧世尊　受彼衆人請　為宣種種法　四諦十二緣
无明至老死　皆從生緣有　如是衆過患　汝等應當知
宣暢是法時　六百万億姟　得盡諸苦際　皆成阿羅漢
第二說法時　千万恒沙衆　於諸法不受　亦得阿羅漢

出家作沙弥　皆共請彼佛　演說大乘法

我等及營從　皆當成佛道　願得如世尊　慧眼第一淨

佛知童子心　宿世之所行　以无量因緣　種種諸譬喻

說六波羅蜜　及諸神通事　分別眞實法　菩薩所行道

說是法華經　如恒河沙偈　彼佛說經已　靜室入禪定

一心一處坐　八万四千劫　是諸沙弥等　知佛禪未出

爲无量億衆　說佛无上慧　各各坐法座　說是大乘經

於佛宴寂後　宣揚助法化　一一沙弥等　所度諸衆生

有六百万億　恒河沙等衆　彼佛滅度後　是諸聞法者

在在諸佛土　常與師俱生　是十六沙弥　具足行佛道

今現在十方　各得成正覺　介時聞法者　各在諸佛所

其有住聲聞　漸以教佛道　我在十六數　曾亦爲汝說

是故以方便　引汝趣佛慧　以是本因緣　今說法華經

令汝入佛道　愼勿懷驚懼　譬如險惡道　迥絕多毒獸

是故以方便　為說趣佛慧　以是本因緣　今說法華經
令汝入佛道　慎勿懷驚懼　譬如險惡道　迥絕多毒獸
又復无水草　人所怖畏處　无數千万衆　欲過此險道
其路曠甚遠　經五百由旬　時有一導師　強識有智慧
明了心決定　在險濟衆難　衆人皆疲惓　而白導師言
我等今頓乏　於此欲退還　導師作是念　此輩甚可愍
如何欲退還　而失大珎寶　尋思時方便　當設神通力
化作大城郭　莊嚴諸舍宅　周匝有園林　渠流及浴池
重門高樓閣　男女皆充滿　即作是化已　慰衆言勿懼
汝等入此城　各可隨所樂　諸人既入城　心皆大歡喜
皆生安隱想　自謂已得度　導師知息已　集衆而告言
汝等當前進　此是化城耳　我見汝疲極　中路欲進退
故以方便力　權化作此城　汝今勤精進　當共至寶所

我亦復如是　為一切導師　見諸求道者　中路而懈廢
不能度生死　煩惱諸險道　故以方便力　為息說涅槃
言汝等苦滅　所作皆已辦　既知到涅槃　皆得阿羅漢
爾乃集大眾　為說真實法　諸佛方便力　分別說三乘
唯有一佛乘　息處故說二　今為汝說實　汝所得非滅
為佛一切智　當發大精進　汝證一切智　十力等佛法
具三十二相　乃是真實滅　諸佛之道師　為息說涅槃
既知是息已　引入於佛慧

妙法蓮華經卷第三

BD00205 妙法蓮華經卷三 (7–7)

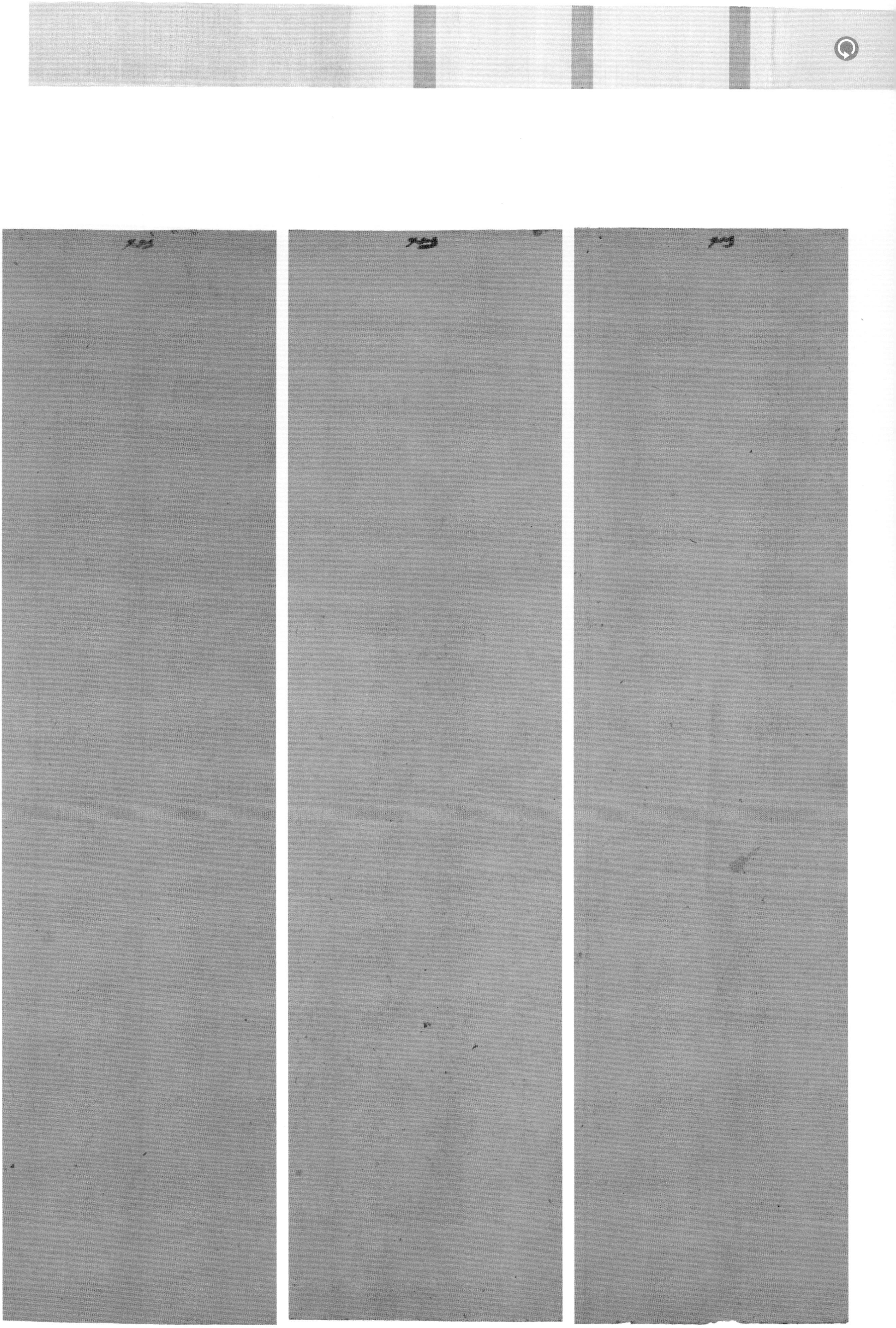

BD00205v　回鶻文勘記

BD00206 妙法蓮華經（八卷本）卷四

（後秦）鳩摩羅什 譯

89.4cm × 25cm

此妙法
義而説偈言
聖主世尊　雖久滅度
諸人云何　不懃為法
處處聽法　以難遇故
在在所往　常為聽法　又我分身　无量諸佛
如恒沙等　来欲聽法　及見滅度　多寶如来
各捨妙法　及弟子衆　天人龍神　諸供養事
令法久住　故来至此　為坐諸佛　以神通力
移无量衆　令國清淨　諸佛各各　詣寶樹下
如清淨池　蓮花莊嚴　其寶樹下　諸師子座
佛坐其上　光明嚴飾　如夜暗中　然大火炬
身出妙香　遍十方國　衆生蒙薰　喜不自勝
譬如大風　吹小樹枝　以是方便　令法久住

以大誓願　而師子吼　多寶如來　及與我身
所集化佛　當知此意　諸佛子等　誰能護法
當發大願　令得久住　其有能護　此經法者
則為供養　我及多寶　此多寶佛　處於寶塔
常遊十方　為是經故　亦復供養　諸來化佛
莊嚴光飾　諸世界者　若說此經　則為見我
多寶如來　及諸化佛　諸善男子　各諦思惟
此為難事　宜發大願　諸餘經典　數如恒沙
雖說此等　未足為難　若接須彌　擲置他方
无數佛土　亦未為難　若以足指　動大千界
遠擲他國　亦未為難　若立有頂　為眾演說
无量餘經　亦未為難　若佛滅後　於惡世中
能說此經　是則為難　假使有人　手把虛空
而以遊行　亦未為難　於我滅後　若自書持

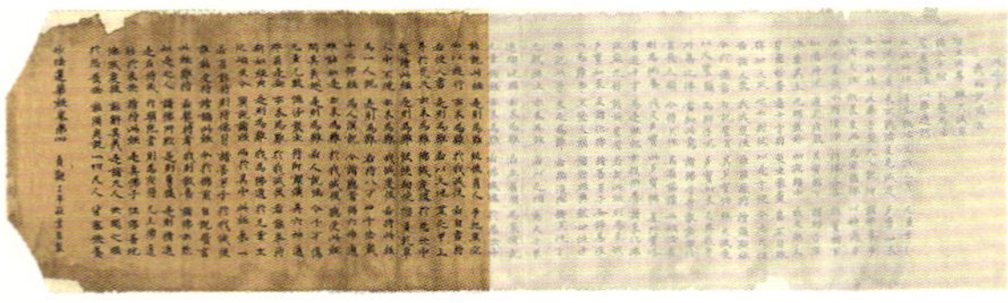

能說此經　是則為難　假使有人　手把虛空
而以遊行　亦未為難　於我滅後　若自書持
若使人書　是則為難　若以大地　置足甲上
昇於梵天　亦未為難　佛滅度後　於惡世中
暫讀此經　是則為難　假使劫燒　擔負乾草
入中不燒　亦未為難　我滅度後　若持此經
為一人說　是則為難　若持八万　四千法藏
十二部經　為人演說　令諸聽者　得六神通
雖能如是　亦未為難　於我滅後　聽受此經
問其義趣　是則為難　若人說法　令千万億
无量无數　恒沙衆生　得阿羅漢　具六神通
雖有是益　亦未為難　於我滅後　若能奉持
斯如經典　是則為難　我為佛道　於无量土
從始至今　廣說諸經　而於其中　此經第一

此經難持　若暫持者　我則歡喜　諸佛亦然
如是之人　諸佛所歎　是則勇猛　是則精進
是名持戒　行頭陀者　則為疾得　无上佛道
能於来世　讀持此經　是真佛子　住淳善地
佛滅度後　能解其義　是諸天人　世間之眼
於恐畏世　能須臾說　一切天人　皆應供養

妙法蓮華經卷第四　貞觀三年敬業監製

BD00207 妙法蓮華經卷二

（後秦）鳩摩羅什 譯

BD00207v 晏子賦等習抄（擬）

403cm × 25.6cm

如是諸難　恐畏无量　是朽故宅　屬于一人
其人近出　未久之間　於後舍宅　欻然火起
四面一時　其焰俱熾　棟梁椽柱　爆聲震裂
摧折墮落　墻壁崩倒　諸鬼神等　揚聲大叫
鵰鷲諸鳥　鳩槃荼等　周慞惶怖　不能自出
惡獸毒虫　藏竄孔穴　毗舍闍鬼　亦住其中
薄福德故　為火所逼　共相殘害　飲血噉宍
野干之屬　並已前死　諸大惡獸　競来食噉
臭烟熢㶿　四面充塞　蜈蚣蚰蜒　毒虵之類
為火所燒　争走出穴　鳩槃荼鬼　隨取而食
又諸餓鬼　頭上火燃　飢渴熱惱　周慞悶走
其宅如是　甚可怖畏　毒害火災　衆難非一

長者聞已　驚入火宅　方宜救濟　令无燒害
告喻諸子　說衆患難　惡鬼毒虫　災火蔓莚
衆苦次第　相續不絶　毒虵蚖蝮　及諸夜叉
鳩槃荼鬼　野干狐狗　鵰鷲鵄梟　百足之屬
飢渴惱急　甚可怖畏　此苦難處　況復大火
諸子无知　雖聞父誨　猶故樂著　嬉戲不已
是時長者　而作是念　諸子如此　益我愁惱
今此舍宅　无一可樂　而諸子等　躭湎嬉戲
不受我教　將為火害　即便思惟　設諸方便
告諸子等　我有種種　珎玩之具　妙寶好車
羊車鹿車　大牛之車　今在門外　汝等出来
吾為汝等　造作此車　隨意所樂　可以遊戲
諸子聞說　如此諸車　即時奔競　馳走而出

BD00207　妙法蓮華經卷二

吾爲汝等　造作此車　隨意所樂　可以遊戲
諸子聞說　如此諸車　即時奔競　馳走而出
到於空地　離諸苦難　長者見子　得出火宅
住於四衢　坐師子座　而自慶言　我今快樂
此諸子等　生育甚難　愚小无知　而入險宅
多諸毒虫　魑魅可畏　大火猛焰　四面俱起
而此諸子　貪樂嬉戲　我已救之　令得脫難
是故諸人　我今快樂　尒時諸子　知父安坐
皆詣父所　而白父言　願賜我等　三種寶車
如前所許　諸子出來　當以三車　隨汝所欲
今正是時　唯垂給與　長者大富　庫藏衆多
金銀琉璃　車𤦲馬瑙　以衆寶物　造諸大車
莊校嚴飾　周帀欄楯　四面懸鈴　金繩交絡

上妙細氎　價直千億　鮮白淨潔　以覆其上
有大白牛　肥壯多力　形體姝好　以駕寶車
多諸儐從　而侍衛之　以是妙車　等賜諸子
諸子是時　歡喜踊躍　乘是寶車　遊於四方
嬉戲快樂　自在无礙　告舍利弗　我亦如是
衆聖中尊　世間之父　一切衆生　皆是吾子
深著世樂　无有慧心　三界无安　猶如火宅
衆苦充滿　甚可怖畏　常有生老　病死憂患
如是等火　熾然不息　如來已離　三界火宅
寂然閑居　安處林野　今此三界　皆是我有
其中衆生　悉是吾子　而今此處　多諸患難
唯我一人　能爲救護　雖復教詔　而不信受
於諸欲染　貪著深故　是以方便　爲說三乘

於諸欲染 貪著深故 是以方便 為說三乘
令諸衆生 知三界苦 開示演說 出世間道
是諸子等 若心決定 具足三明 及六神通
有得緣覺 不退菩薩 汝舍利弗 我為衆生
以此譬喻 說一佛乘 汝等若能 信受是語
一切皆當 得成佛道 是乘微妙 清淨第一
於諸世間 為无有上 佛所悅可 一切衆生
所應稱讚 供養礼拜 无量億千 諸力解脫
禪定智慧 及佛餘法 得如是乘 令諸子等
日夜劫數 常得遊戲 與諸菩薩 及聲聞衆
乘此寶乘 直至道場 以是因緣 十方諦求
更无餘乘 除佛方便 告舍利弗 汝諸人等

但盡生死　而實不滅　令所應作　唯佛智慧
若有菩薩　於是衆中　能一心聽　諸佛實法
諸佛世尊　雖以方便　所化衆生　皆是菩薩
若人小智　深著愛欲　爲此等故　說於苦諦
衆生心喜　得未曾有　佛說苦諦　真實无異
若有衆生　不知苦本　深著苦因　不能暫捨
爲是等故　方便說道　諸苦所因　貪欲爲本
若滅貪欲　无所依止　滅盡諸苦　名第三諦
爲滅諦故　脩行於道　離諸苦縛　名得解脫
是人於何　而得解脫　但離虛妄　名爲解脫
其實未得　一切解脫　佛說是人　未實滅度
斯人未得　无上道故　我意不欲　令至滅度
我爲法王　於法自在　安隱衆生　故現於世

斯人未得 無上道故 我意不欲 令至滅度
我為法王 於法自在 安隱衆生 故現於世
汝舍利弗 我此法印 為欲利益 世間故說
在所遊方 勿妄宣傳 若有聞者 隨喜頂受
當知是人 阿鞞跋致 若有信受 此經法者
是人已曾 見過去佛 恭敬供養 亦聞是法
若人有能 信汝所說 則為見我 亦見於汝
及比丘僧 并諸菩薩 斯法華經 為深智說
淺識聞之 迷惑不解 一切聲聞 及辟支佛
於此經中 力所不及 汝舍利弗 尚於此經
以信得入 况餘聲聞 其餘聲聞 信佛語故
隨順此經 非己智分 又舍利弗 憍慢懈怠
計我見者 莫說此經 凡夫淺識 深著五欲
聞不能解 亦勿為說 若人不信 毀謗此經

汝當聽說　此人罪報　若佛在世　若滅度後
其有誹謗　如斯經典　見有讀誦　書持經者
輕賤憎嫉　而懷結恨　此人罪報　汝今復聽
其人命終　入阿鼻獄　具足一劫　劫盡更生
如是展轉　至无數劫　從地獄出　當墮畜生
若狗野干　其形頟瘦　黧黮疥癩　人所觸嬈
又復為人　之所惡賤　常困飢渴　骨肉枯竭
生受楚毒　死被瓦石　斷佛種故　受斯罪報
若作駱駝　或生驢中　身常負重　加諸杖捶
但念水草　餘无所知　謗斯經故　獲罪如是
有作野干　來入聚落　身體疥癩　又无一目
為諸童子　之所打擲　受諸苦痛　或時致死
於此死已　更受蟒身　其形長大　五百由旬

於此死已　更受蟒身　其形長大　五百由旬
聾騃无足　宛轉腹行　為諸小虫　之所唼食
晝夜受苦　无有休息　謗斯經故　獲罪如是
若得為人　諸根闇鈍　矬陋攣躄　盲聾背傴
有所言說　人不信受　口氣常臭　鬼魅所著
貧窮下賤　為人所使　多病痟瘦　无所依怙
雖親附人　人不在意　若有所得　尋復忘失
若脩醫道　順方治病　更增他疾　或復致死
若自有病　无人救療　設服良藥　而復增劇
若他反逆　抄劫竊盜　如是等罪　橫羅其殃
如斯罪人　永不見佛　衆聖之王　說法教化
如斯罪人　常生難處　狂聾心亂　永不聞法

駝驢猪狗 是其行處 謗斯經故 獲罪如是
若得為人 聾盲瘖瘂 貧窮諸衰 以自莊嚴
水腫乾痟 疥癩癰疽 如是等病 以為衣服
身常臭處 垢穢不淨 深著我見 增益瞋恚
婬欲熾盛 不擇禽獸 謗斯經故 獲罪如是
告舍利弗 謗斯經者 若說其罪 窮劫不盡
以是因緣 我故語汝 无智人中 莫說此經
若有利根 智慧明了 多聞強識 求佛道者
如是之人 乃可為說 若人曾見 億百千佛
殖諸善本 深心堅固 如是之人 乃可為說
若人精進 常脩慈心 不惜身命 乃可為說
若人恭敬 无有異心 離諸凡愚 獨處山澤
如是之人 乃可為說 又舍利弗 若見有人

如是之人　乃可為説　又舍利弗　若見有人
捨惡知識　親近善友　如是之人　乃可為説
若見佛子　持戒清潔　如淨明珠　求大乘經
如是之人　乃可為説　若人无瞋　質直柔軟
常愍一切　恭敬諸佛　如是之人　乃可為説
復有佛子　於大衆中　以清淨心　種種因緣
譬喻言辞　説法无礙　如是之人　乃可為説
若有比丘　為一切智　四方求法　合掌頂受
但樂受持　大乘經典　乃至不受　餘經一偈
如是之人　乃可為説　如人至心　求佛舍利
如是求經　得已頂受　其人不復　志求餘經
亦未曾念　外道典籍　如是之人　乃可為説

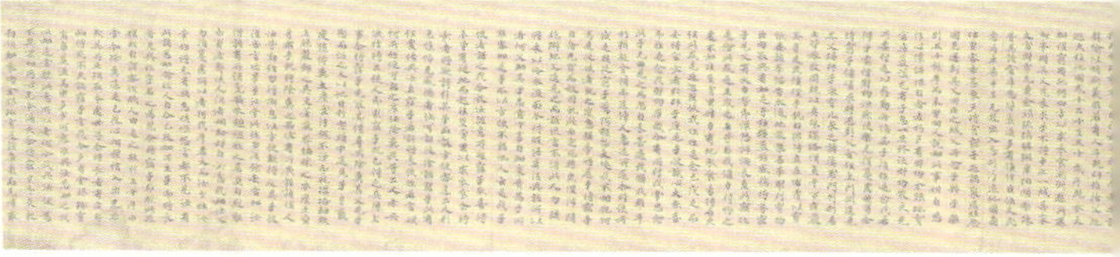

妙法蓮華經信解品第四
尒時慧命須菩提摩訶迦栴延摩訶迦葉摩
訶目揵連從佛所聞未曾有法世尊授舍利
弗阿耨多羅三藐三菩提記發希有心歡喜
踊躍即從座起整衣服偏袒右肩右膝著地
一心合掌曲躬恭敬瞻仰尊顏而白佛言我等
居僧之首年並朽邁自謂已得涅槃无所堪
任不復進求阿耨多羅三藐三菩提世尊
往昔說法既久我時在座身體疲懈但念空
无相无作於菩薩法遊戲神通淨佛國土成
就衆生心不憙樂所以者何世尊令我等出
於三界得涅槃證又今我等年已朽邁於佛
教化菩薩阿耨多羅三藐三菩提不生一念

BD00207　妙法蓮華經卷二

於三界得涅槃證又今我等年已朽邁於佛
教化菩薩阿耨多羅三藐三菩提不生一念
好樂之心我等今於佛前聞授聲聞阿耨多
羅三藐三菩提記心甚歡喜得未曾有不謂
於今忽然得聞希有之法深自慶幸獲大善
利无量珎寶不求自得世尊我等今者樂說
譬喻以明斯義譬若有人年既幼稚捨父逃
逝久住他國或十二十至五十歲年既長大
加復窮困馳騁四方以求衣食漸漸遊行遇
向本國其父先來求子不得中止一城其家
大富財寶无量金銀琉璃珊瑚虎珀頗梨珠
等其諸倉庫悉皆盈溢多有僮僕臣佐吏民
象馬車乘牛羊无數出入息利乃遍他國商

别五十餘年而未曾向人説如此事但自思
惟心懷悔恨自念老朽多有財物金銀珎寶
倉庫盈溢无有子息一旦終沒財物散失无
所委付是以慇懃每憶其子復作是念我若
得子委付財物坦然快樂无復憂慮世尊尒
時窮子傭賃展轉遇到父舍住立門側遥見
其父踞師子床寶几承足諸婆羅門剎利居
士皆恭敬圍繞以真珠瓔珞價直千万莊嚴
其身吏民僮僕手執白拂侍立左右覆以寶
帳垂諸華幡香水灑地散衆名華羅列寶物
出內取與有如是等種種嚴飾威德特尊窮
子見父有大力勢即懷恐怖悔來至此竊作
是念此或是王或是王等非我傭力得物之

子見父有大力勢即懷恐怖悔来至此竊作
是念此或是王或是王等非我傭力得物之
處不如往至貧里肆力有地衣食易得若久
住此或見逼迫强使我作作是念已疾走而
去時富長者於師子座見子便識心大歡喜
即作是念我財物庫藏今有所付我常思念
此子无由見之而忽自来甚適我願我雖年
朽猶故貪惜即遣傍人急追將還尒時使者
疾走往捉窮子驚愕稱怨大喚我不相犯何
為見捉使者執之逾急强牽將還于時窮子
自念无罪而被囚執此必定死轉更惶怖悶
絕躃地父遥見之而語使言不須此人勿强
將来以冷水灑面令得醒悟莫復與語所以

使者語之我今放汝隨意所趣窮子歡喜得
未曾有從地而起往至貧里以求衣食尒時
長者將欲誘引其子而設方便密遣二人形
色憔悴无威德者汝可詣彼徐語窮子此有
作處倍與汝直窮子若許將來使作若言欲
何所作便可語之雇汝除糞我等二人亦共
汝作時二使人即求窮子既已得之具陳上
事尒時窮子先取其價尋與除糞其父見子
愍而怪之又以他日於窓牖中遙見子身羸
瘦憔悴糞土塵坌污穢不淨即脫瓔珞細軟
上服嚴飾之具更著麁弊垢膩之衣塵土坌
身右手執持除糞之器狀有所畏語諸作人
汝等勤作勿得懈息以方便故得近其子後

身右手執持除糞之器狀有所畏語諸作人
汝等勤作勿得懈息以方便故得近其子後
復告言咄男子汝常此作勿復餘去當加汝
價諸有所須瓮器米麵鹽酢之屬莫自疑難
亦有老弊使人須者相給好自安意我如汝父
勿復憂慮所以者何我年老大而汝少壯汝
常作時无有欺怠瞋恨怨言都不見汝有
此諸惡如餘作人自今已後如所生子即時長
者更與作字名之為兒尒時窮子雖欣此遇
猶故自謂客作賤人由是之故於二十年中
常令除糞過是已後心相體信入出无難
然其所止猶在本處世尊尒時長者有疾自
知將死不久語窮子言我今多有金銀珍寶

不異宜加用心无令漏失尒時窮子即受教
勑領知衆物金銀珎寶及諸庫藏而无悕取

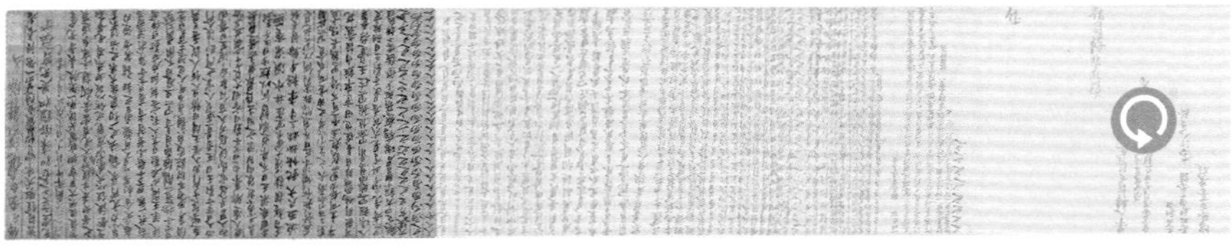

佛亦事勅勅勅佛說佛明文
然後但與大車寶物莊嚴安隱第一然彼長者
无虛妄之咎如來亦復如是无有虛妄如
佛 乙酉年十二月十八日安永興自手書已
然後但與大車寶物莊嚴安隱第一然彼長者无虛妄
之咎如來亦復如是无有虛妄初說三乘引導衆
生然後但以大乘而度脫之何以故如來有无量知
慧力无所畏諸法之藏能與一切衆生大乘之法但不盡
能受舍利弗以是因緣當知諸佛方便力
故於一佛 晏子賦昔者齊晏子使於梁國為
使梁王問左右對曰其人形容何似左右對曰使者
晏子極其醜陋面目青黑且脣不附齒髮不
附耳腰不附踝既臼觀之不成人也梁王見晏子
遂喚從小門而入梁王問曰卿是何人從吾苟門

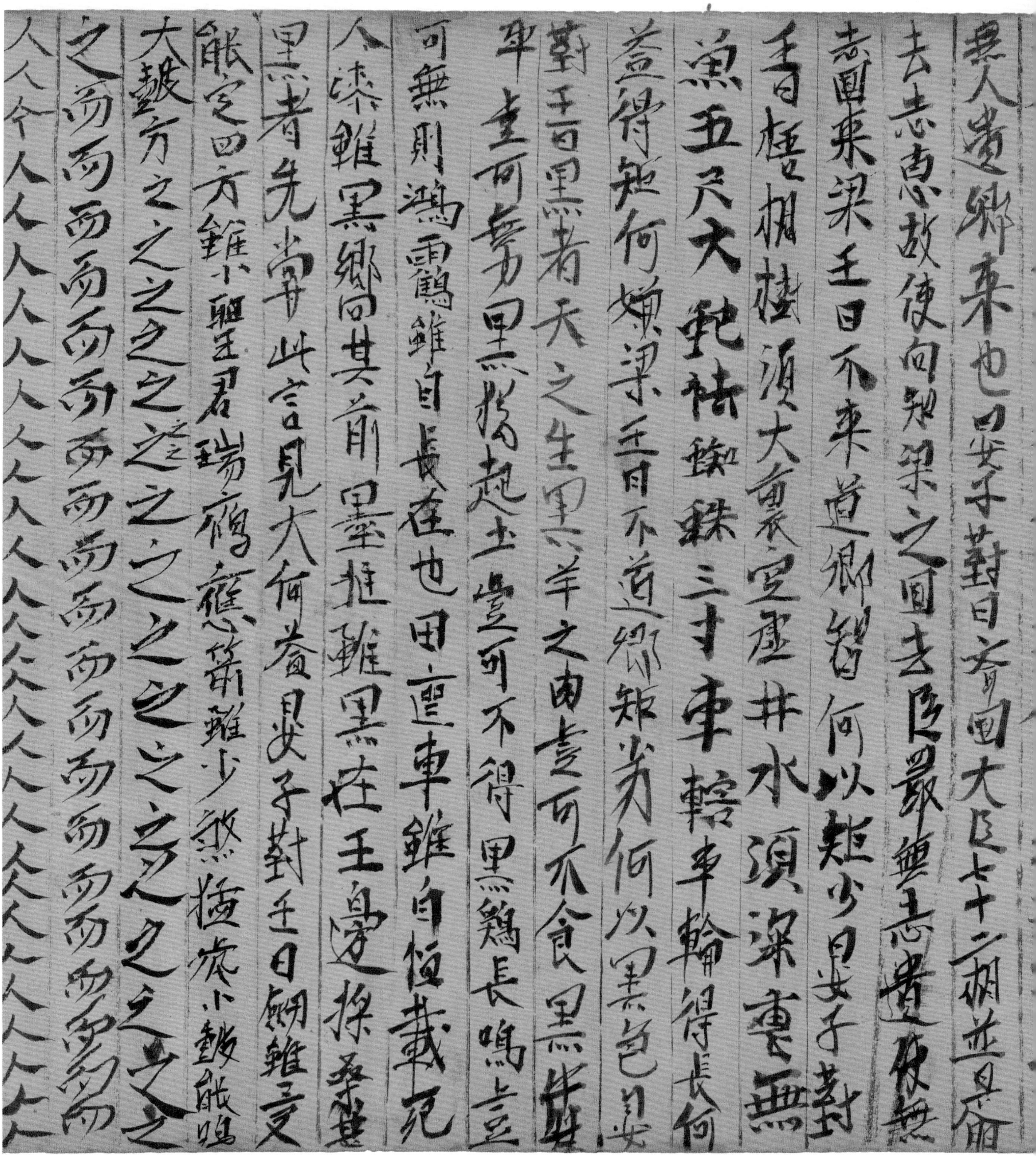

無人遣卿來也曰晏子對曰齊國大臣七十二相並是聰
去志恵故使向知梁之國去臣最無志遣使無
志國來梁王曰不來道卿短何以短少是晏子對
香梧桐樹須大褁空虛井水須深裏無
魚五尺大虵怯鐵鉄三寸車轄車輪得長何
蓋得短何嫌梁王曰不道卿短劣何以黑色是晏
對王曰黑者天之生黑羊之肉豈可不食黑牛
牽車可無功黑狗起土豈可不得黑雞長鳴豈
可無則鴻鶴雖白長在也田邅車雖白恒載死
人漆雖黑鄉向其前墨挺雖黑在王身邊探蓋
黑者先當此言見大何蒼晏子對王曰銅雖文
能定四方雖小聖君瑞鳥鷹鷂雖少煞搖禽小鵝能鳴
大鼓方之之之之之之之之之之之之之之之之之
之而而而而而而而而而而而而而而而而而
人人令人人人人人人人人人人人人人人人人人

BD00207v　晏子賦等習抄（擬）

人人令人人人人人人人人人人人人人人人人人人人人人人
見見見見見見見見見見見見見見見見扎
社司轉帖右緣年支 酉酉丙戌年見大大人即日而而而而見見之之
人人人見扎見見丙戌年字文動動負羽意欲千擿丙未
斉遥遊義上林訪芊文樹何時封得一枝西京地万代聖明
主
神龍見忽聞此經即生輕偷蘭者入女姊妹奴婢
房中得波羅夷若入兄弟見房中得輕偷蘭若出
主地捐亦波羅夷若比丘若各自支扶房房即屬此
比丘隨房所得地遠近即為方界若僧房中住而不依
房則是異主異房若物在地物是一主地屬異主
若地異相隨物同圓自邊際為相若出邊際則離
本處若在房上處有異色物在一色物在異色則離
本處無主水中有主鳥若流令水西處瞬上處離本
處若舉離水名離水名離本處本者想鳥受離

（3–2）

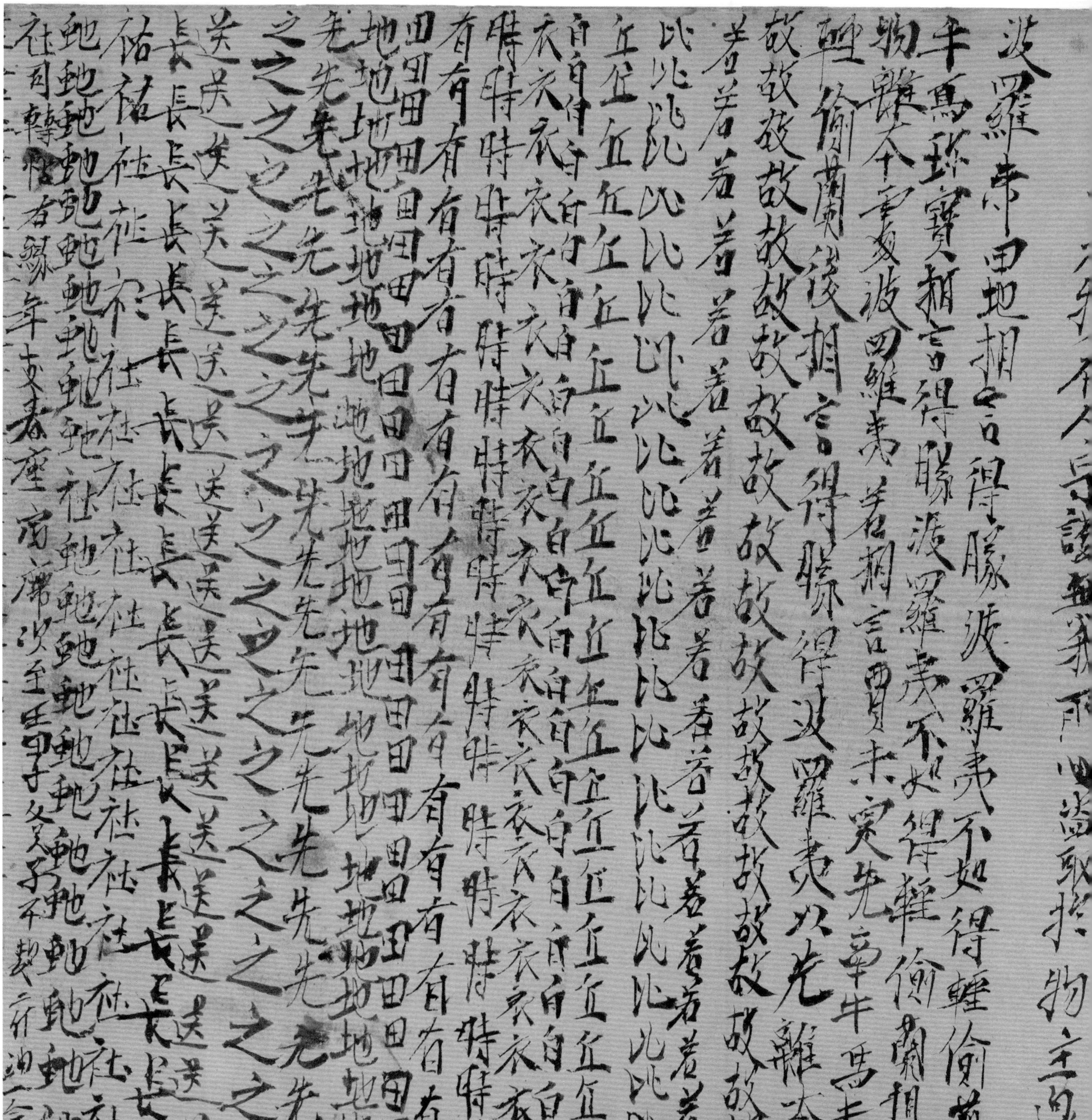

BD00207v　晏子賦等習抄（擬）

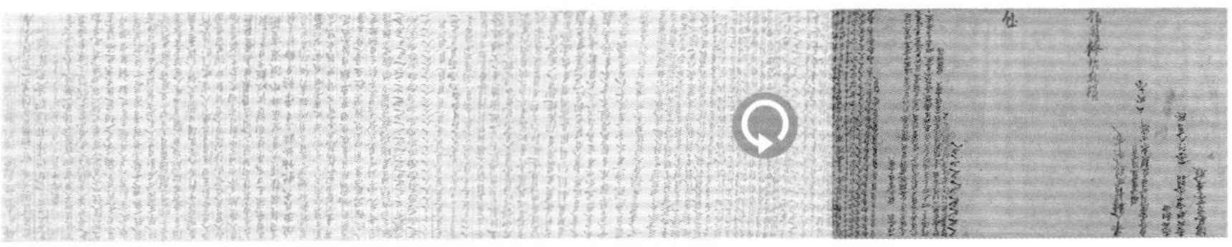

社司轉帖　右緣年支春座局席次至[illegible]……

千千千千千千千千千千千千千千千千千千千千千千千千千千千千千千千千千千

字字字字字字字字字字字字字字字字字字字字字字字字字字字字字字字

文文文文文文文文文文文文文文文文文文文文文文文文文文文文

勅勅勅勅勅勅勅勅勅勅勅勅勅勅勅勅勅勅勅勅勅勅勅勅

負負負負負負負負負負負負負負負

一切恭敬　敬礼常住三寶

是諸衆等人各胡跪　嚴持香花　如法供養　若此香花雲　遍滿十方界　供養一切佛

化佛并菩薩　无數聲聞衆　受此香花雲　以爲光明臺　廣於无邊界　无邊无量

作佛事　如來妙色身　世間无與等　無比不思議　是故今恭礼　如來色無盡

智惠亦然　一切法常住　是故我歸依　恭敬常住三寶　歎佛功德

智惠亦然一切法常住是故我歸依　之

之之之之之之之之之之之

[illegible]

衆人轉般若經一卷

須菩薩　須菩薩

癸未年五月廿二日立契赤心鄉　公公志

志公和尚

志公和尚十念誦　一念行人可捻

楊風方蒼東殿

[illegible]

BD00208-1 四分比丘尼戒本

（後秦）佛陀耶舍 譯

（唐）懷素 集

BD00208-2 犯戒罪報輕重經

925cm × 27.7cm

拘那含牟尼
我今欲善說
毀戒亦如是　生
常當護戒足　勿令有毀損
憂　毀戒亦如是　死時懷恐懼
戚　說戒亦如是　全毀生憂喜
退　說戒亦如是　淨穢生安畏
流海為最　眾星月為最　眾聖佛為最
經為上最　如來立禁戒　半月半月說
和合僧集會未受大戒者出 有者遣出已答言 已出无者答言无 不來諸比丘尼說
欲及清淨 有依法說 无答言无 僧今和合何所作為 答說戒 羯磨
大姊僧聽今十五日 若白月常十五日 若黑月隨大小稱 眾僧說戒若僧時到僧忍聽和
合說戒白如是
諸大姊我今欲說波羅提木叉戒汝等諦聽善心念之若
自知有犯者即應自懺悔不犯者默然默然者知諸大姊
清淨若有他問者亦如是答如是比丘尼在眾中乃至三

樂諸大姊我已說戒經序今問諸大姊是中清淨不 如是三說
諸大姊是中清淨默然故是事如是持
諸大姊是八波羅夷法半月半月說戒經中來
若比丘尼作婬欲犯不淨行乃至共畜生是比丘尼波羅夷
不共住
若比丘尼在聚落若空閑處不與懷盜心取隨
所盜物若爲王若王大臣所捉若縛若殺若駈出國汝是賊汝
癡若比丘尼作如是不與取是比丘尼波羅夷不共住
若比丘尼故自手斷人命若持刀授與人若歎死譽死勸死
咄人用此惡活爲寧死不生作如是心念無數方便歎死
譽死勸死此比丘尼波羅夷不共住
若比丘尼實無所知自歎譽言我得過人法入聖智勝法
我知是我見是後於異時若問若不問欲求清淨故作
是言諸大姊我實不知不見而言我知我見虛誑妄語
除增上慢是比丘尼波羅夷不共住
若比丘尼染汙心共染汙心男子從腋已下膝已上身相觸

若比丘尼染汙心共染汙心男子從腋已下膝已上身相觸
若捉若摩若牽若推若上摩若下摩若舉若下若捉
若捺是比丘尼波羅夷不共住
若比丘尼染汙心知男子染汙心受捉手捉衣入屏處共立共語
共行或身相倚或共期是比丘尼波羅夷不共住
若比丘尼知比丘尼犯波羅夷不自發露不語衆人不白大衆
若於異時彼比丘尼或命終或衆中舉或休道或入外
道衆後作是言我先知有如是如是罪是比丘尼波
羅夷不共住
若比丘尼知比丘僧為作舉如法如律如佛所教不順從不
懺悔僧未與作共住而順從諸比丘尼語言大姊此比丘為僧
所舉如法如律如佛所教不順從不懺悔僧未與作共住
汝莫順從如是比丘尼諫彼比丘尼時是事堅持不捨彼
比丘尼應乃至第二第三諫令捨此事故若乃至三諫捨
者善不捨者是比丘尼波羅夷不共住 犯隨舉
諸大姊我已說八波羅夷法若比丘尼犯一一波羅夷法不

諸大姊是中清淨默然故是事如是持
諸大姊是十七僧伽婆尸沙法半月半月說戒經中來
若比丘尼媒嫁持男語語女持女語語男若為成婦事若
私通乃至須臾頃是比丘尼犯初法應捨僧伽婆尸沙
若比丘尼瞋恚不喜以無根波羅夷法謗欲破彼清淨行後
於異時若問若不問是事無根說我瞋恚故如是比丘尼
犯初法應捨僧伽婆尸沙
若比丘尼瞋恚不喜於異分事中取片非波羅夷比丘尼
以无根波羅夷法謗欲破彼人梵行後於異時若問若不問
知是異分事中取片彼比丘尼住瞋恚法故作如是語是比
丘尼犯初法應捨僧伽婆尸沙
若比丘尼詣官言居士若居士兒若奴若客作人若晝若夜
若一念頃若彈指頃若須臾頃是比丘尼犯初法應捨僧
伽婆尸沙
若比丘尼先知是賊女罪應死多人所知不問王大臣不問
種性便度出家受具足戒是比丘尼犯初法應捨僧伽婆尸沙

種性便度出家受具足戒是比丘尼犯初法應捨僧伽婆尸沙
若比丘尼知比丘尼爲僧所舉如法如律如佛所教不順從未
懺悔僧未與作共住羯磨爲愛故不問僧不約勑出界外作
羯磨與解罪是比丘尼犯初法應捨僧伽婆尸沙
若比丘尼獨渡水獨入村獨宿獨在後行犯初法應捨僧
伽婆尸沙
若比丘尼染汙心知染汙心知男子從彼受可食者及食并餘
物是比丘尼犯初法應捨僧伽婆尸沙
若比丘尼教比丘尼作如是語大姊彼有染汙心无染汙心能
那汝何汝自无染汙心於彼若得食但以時清淨受取此
比丘尼犯初法應捨僧伽婆尸沙
若比丘尼欲壞和合僧勤方便受破僧法堅持不捨是比丘尼
應諫彼比丘尼言大姊汝莫壞和合僧莫方便壞和合僧莫
受破僧法堅持不捨大姊應與僧和合與僧和合歡喜不諍
同一師學如水乳合於佛法中有增益安樂住是比丘尼諫彼
比丘尼時堅持不捨是比丘尼應三諫捨此事故乃至三諫捨

尼語是比丘尼言大姊汝莫諫此比丘尼此比丘尼法語比丘
尼律語比丘尼此比丘尼說我等心喜樂此比丘尼所說我等
忍可是比丘尼語彼比丘尼言大姊莫作是說言此比丘尼
是法語比丘尼律語比丘尼此比丘尼所說我等喜樂此比丘
尼所說我等忍可何以故此比丘尼所說非法語非律語
大姊莫欲破壞和合僧當樂欲和合僧大姊與僧和合歡喜
不諍同一師學如水乳合於佛法中有增益安樂住是比丘
尼諫彼比丘尼時堅持不捨是比丘尼應三諫捨此事故乃
至三諫捨者善不捨者是比丘尼犯三法應捨僧伽婆尸沙
若比丘尼依城邑若村落住汙他家行惡行行惡行亦見亦聞汙
他家亦見亦聞是比丘尼諫彼比丘尼言大姊汝汙他家行
惡行行惡行亦見亦聞汙他家亦見亦聞大姊汝汙他家行
惡行今可離此村落去不須住此彼比丘尼語此比丘尼作是
言大姊諸比丘尼有愛有恚有怖有癡有如是同罪比丘
尼有驅者有不驅者是諸比丘尼語彼比丘尼言大姊莫作
是語有愛有恚有怖有癡亦莫言有如是同罪比丘尼有驅

尼有驅者有不驅者是諸比丘尼諫彼比丘尼言大姊莫作
是語有愛有恚有怖有癡亦莫言有如是同罪比丘尼有驅
者有不驅者何以故而諸比丘尼不愛不恚不怖不癡有
如是同罪比丘尼有驅者有不驅者大姊汙他家行惡行行
惡行亦見亦聞汙他家亦見亦聞是比丘尼諫彼比丘尼時
堅持不捨是比丘尼應三諫捨此事故乃至三諫捨者善不
捨者是比丘尼犯三法應捨僧伽婆尸沙
若比丘尼惡性不受人語於戒法中諸比丘尼如法諫已自身不
受諫語言大姊莫向我說若好若惡我亦不向汝說若好
若惡諸姊止莫諫我是比丘尼當諫彼比丘尼言大姊汝莫
自身不受諫語大姊自身當受諫語大姊如法諫諸比
丘尼諸比丘尼亦當如法諫大姊如是佛弟子衆得增益展
轉相諫展轉相教展轉懺悔是比丘尼如是諫時堅持不捨
是比丘尼應三諫捨此事故乃至三諫捨者善不捨者
是比丘尼犯三法應捨僧伽婆尸沙
若比丘尼相親近住共作惡行惡聲流布展轉共相覆罪是
比丘尼當諫彼比丘尼言大姊汝等莫相親近共作惡行惡聲

乃至三諫捨者善不捨者是比丘尼犯三法應捨僧伽婆
尸沙
若比丘尼比丘尼僧為作呵諫時餘比丘尼教作如是言汝等
莫别住當共住我亦見餘比丘尼不别住共作惡行惡
聲流布共相覆罪僧以恚故教汝等别住是比丘尼應諫
彼比丘尼言大姉汝莫教餘比丘尼言汝等莫别住我亦見
餘比丘尼共住共作惡行惡聲流布共相覆罪僧以恚故教
汝等别住今正有此二比丘尼共住共作惡行惡聲流布共
相覆罪更無有餘若此比丘尼别住於佛法中有增益安
樂住是比丘尼諫彼比丘尼時堅持不捨是比丘尼應三諫
令捨此事故乃至三諫捨者善不捨者是比丘尼犯三法
應捨僧伽婆尸沙
若比丘尼趣以一小事嗔恚不喜便作是語我捨佛捨法捨
僧不獨有此沙門釋子亦更有餘沙門婆羅門脩梵行
者我等亦可於彼脩梵行是比丘尼當諫彼比丘尼言
大姉汝莫趣以一小事嗔恚不喜便作是語我捨佛捨法

大姊汝莫趣以一小事嗔恚不喜便作是語我捨佛捨法
捨僧不獨有此沙門釋子亦更有餘沙門婆羅門脩梵行
者我等亦可於彼脩梵行若是比丘尼諫彼比丘尼時堅持
不捨彼比丘尼應三諫捨此事故乃至三諫捨者善不捨者
是比丘尼犯三法應捨僧伽婆尸沙
若比丘尼憙鬪諍不善憶持諍事後嗔恚作是語僧有
愛有恚有怖有癡是比丘尼應諫彼比丘尼言妹汝莫憙
鬪諍不善憶持諍事後嗔恚作是語僧有愛有恚有
怖有癡而僧不愛不恚不怖不癡汝自有愛有恚有怖
有癡是比丘尼諫彼比丘尼時堅持不捨彼比丘尼應三
諫捨此事故乃至三諫捨者善不捨者是比丘尼犯三法應
捨僧伽婆尸沙
諸大姊我已說十七僧伽婆尸沙法九初犯罪八乃至三諫
若比丘尼犯一一罪應半月二部僧中行摩那埵已餘有出
罪法應二部僧中各二十眾出是比丘尼罪若少一人不滿四十
眾是比丘尼罪不得除諸比丘尼亦可呵此是時今問諸

諸大姊是三十尼薩耆波逸提法半月半月說戒中來
若比丘尼衣已竟迦絺那衣已捨畜長衣經十日不淨施得持
若過者尼薩耆波逸提
若比丘尼衣已竟迦絺那衣已捨五衣中若離一一衣異處宿經
一夜除僧羯磨尼薩耆波逸提
若比丘尼衣已竟迦絺那衣已捨若得非時衣欲須便受受
已疾疾成衣若足者善若不足者得畜一月為滿足故若過
畜者尼薩耆波逸提
若比丘尼從非親里居士居士婦乞衣除餘時尼薩耆波逸提
是中時者若奪衣失衣燒衣漂衣是名時
若比丘尼奪衣失衣燒衣漂衣是非親里居士居士婦自恣請
多與衣是比丘尼當知足受衣若過者尼薩耆波逸提
若居士居士婦為比丘尼辦衣價具如是衣價與某甲比丘尼
是比丘尼先不受自恣請到居士家作如是說善哉居士為我
辦如是如是衣價與我為好故若得衣者尼薩耆波逸提
若二居士居士婦與比丘尼辦衣價我曹辦如是衣價與某甲

辦如是衣價與我爲好故若得衣者尼薩耆波逸提
若二居士居士婦與比丘尼辦衣價我曹辦如是衣價與某甲
比丘尼是比丘尼先不受自恣請到二居士家作如是言善哉
居士辦如是衣價與我共作一衣爲好故若得衣者尼薩
耆波逸提
若比丘尼若王若大臣若婆羅門若居士居士婦遣使爲比丘尼
送衣價持如是衣價與某甲比丘尼彼使至比丘尼所語言阿
姨爲汝送衣價受取是比丘尼語彼使如是言我不應受此
衣價我若須衣合時清淨當受彼使語比丘尼言阿姨有執
事人不須衣比丘尼言有若僧伽藍民若優婆塞此是比丘尼
執事人常爲比丘尼執事彼使至執事人所與衣價已還到比
丘尼所如是言阿姨所示某甲執事人我已與衣價大姊知時
往彼當得衣比丘尼若須衣者當往彼執事人所二反三反語
言我須衣若二反三反爲作憶念得衣者善若不得衣四
反五反六反在前黙然住令彼憶念若四反五反六反在前黙然
住得衣者善若不得衣過是求得衣者尼薩耆波逸提若不
得衣隨彼使所來處若自往若遣使往語言汝先遣使持衣

逸提
若比丘尼種種賣買寶物者尼薩耆波逸提
若比丘尼種種販賣者尼薩耆波逸提
若比丘尼鉢減五綴不漏更求新鉢為好故尼薩耆波逸提是
比丘尼當持此鉢於尼衆中捨從次第貿至下坐以下坐鉢與此
比丘尼言妹持此鉢乃至破此是時
若比丘尼自求縷使非親里織師織作衣者尼薩耆波逸提
若比丘尼居士居士婦使織師為比丘尼織作衣彼比丘尼先不受
自恣請便往到彼所語織師言此衣為我織極好織令廣長
堅緻齊整好我當少多與汝價若比丘尼與價乃至一食得衣者
尼薩耆波逸提
若比丘尼與比丘尼衣已後瞋恚若自奪若教人奪取還我衣
來不與汝是比丘尼應還衣彼取衣者尼薩耆波逸提
若諸病比丘尼畜藥蘇油生蘇蜜石蜜得食殘宿乃至七日得服
若過七日服者尼薩耆波逸提
若比丘尼十日未滿夏三月若有急施衣比丘尼知是急施衣

[illegible]
若比丘尼十日未滿夏三月若有急施衣比丘尼知是急施衣
應受受已乃至依時應畜若過畜者尼薩耆波逸提
若比丘尼知物向僧自求入己者尼薩耆波逸提
若比丘尼欲索是更索彼者尼薩耆波逸提
若比丘尼知檀越所為僧施異迴作餘用者尼薩耆波逸提
若比丘尼所為施物異自求為僧迴作餘用者尼薩耆波逸提
若比丘尼檀越所為施物異迴作餘用者尼薩耆波逸提
若比丘尼檀越所為施物異自求為僧迴作餘用者尼薩耆波逸提
若比丘尼畜長鉢尼薩耆波逸提
若比丘尼多畜好色器者尼薩耆波逸提
若比丘尼許比丘尼病衣後不與者尼薩耆波逸提
若比丘尼以非時衣受作時衣者尼薩耆波逸提
若比丘尼與比丘尼貿易衣後瞋恚還自奪取若使人奪妹還我
衣來我不與汝汝衣屬汝我衣還我者尼薩耆波逸提
若比丘尼乞重衣齊價直四張疊過者尼薩耆波逸提
若比丘尼欲乞輕衣極至價直兩張半疊過者尼薩耆波逸提

諸大姊是一百七十八波逸提法半月半月說戒經中來

若比丘尼故妄語者波逸提

若比丘尼毀呰語者波逸提

若比丘尼兩舌語者波逸提

若比丘尼與男子同室宿者波逸提

若比丘尼共未受戒女人同一室宿若過三宿波逸提

若比丘尼與未受大人共誦法者波逸提

若比丘尼知他有麁惡罪向未受大戒人說除僧羯磨波逸提

若比丘尼向未受大戒人說過人法言我見是我知是實者波逸提

若比丘尼與男子說法過五六語除有知女人波逸提

若比丘尼自掘地若教人掘者波逸提

若比丘尼壞鬼神村者波逸提

若比丘尼妄作異語惱他者波逸提

若比丘尼嫌罵者波逸提

若比丘尼取僧繩床若木床若卧具坐蓐露地自敷若教
人敷捨去不舉不教人舉波逸提

人數擯去不舉不教人舉波逸提
若比丘尼於僧房中取僧臥具自敷若教人敷在中若坐若臥
從彼處捨去不自舉不教人舉波逸提
若比丘尼比丘尼先住處後來於中間敷臥具止宿念言彼若嫌
迮者自當避我去作如是因緣非餘非威儀波逸提
若比丘尼嗔他比丘尼不喜衆僧房中若自牽出若教人牽
出波逸提
若比丘尼若在房重閣上脚繩床若木床若坐若臥者波逸提
若比丘尼知水有虫自用澆泥若草若教人澆者波逸提
若比丘尼作大房户扉窓牖及餘莊飾具指授覆苫齊二三
節若過者波逸提
若比丘尼施一食處无病比丘尼應一食若過受者波逸提
若比丘尼別衆食除餘時波逸提餘時者病時作衣時若施衣
時道行時船行時大會時沙門施食時此是時
若比丘尼至檀越家慇勤請與餅麨飯比丘尼欲須者二三鉢
應受持至寺內分與餘比丘尼食若比丘尼无病過三鉢受持
至寺中不分與餘比丘尼食者波逸提

若比丘尼不受食若藥著口中除水及楊枝波逸提
若比丘尼先受請已前食若後食行詣餘家不囑餘比丘尼
除餘時波逸提餘時者病時作衣時施衣時此是時
若比丘尼食家中有寶强安坐者波逸提
若比丘尼食家中有寶在屏處坐者波逸提
若比丘尼獨與男子露地一處共坐者波逸提
若比丘尼語比丘尼如是語大姉共汝至聚落當與汝食彼比丘
尼竟不教與是比丘尼食如是言大姉去我與汝一處共坐共
語不樂我獨坐獨語樂以是因緣非餘方便遣去者波逸提
若比丘尼四月與无病比丘尼應受若過受除常請更請分請
盡形請者波逸提
若比丘尼往觀軍陣除時因緣波逸提
若比丘尼有因緣至軍中若二宿三宿過者波逸提
若比丘尼軍中若二宿三宿或時觀軍陣鬪戰若觀遊軍象
馬勢力者波逸提
若比丘尼飲酒者波逸提

□埶大者波逸提
若比丘尼飲酒者波逸提
若比丘尼水中戲者波逸提
若比丘尼以指相擊攊者波逸
若比丘尼不受諫者波逸提
若比丘尼恐他比丘尼者波逸提
若比丘尼半月洗浴无病比丘尼應受若過受除餘時波逸提
餘時者熱時病時作時大風時雨時遠行來此是時
若比丘尼无病為炙故露地然火若教人然除餘時波逸提
若比丘尼藏他比丘尼若鉢若衣若坐具針筒自藏教人藏下至
戲咲者波逸提
若比丘尼淨施比丘比丘尼式叉摩那沙弥沙弥尼衣後不問主
取著者波逸提
若比丘尼得新衣當作三種染壞色青黑木蘭若比丘尼得新
衣不作三種染壞色青黑木蘭著新衣持者波逸提
若比丘尼故斷畜生命者波逸提
若比丘尼知水有虫飲者波逸提

若比丘尼諍事如法懺悔已後更發舉者波逸提
若比丘尼知是賊伴共一道行乃至一聚落者波逸提
若比丘尼作如是語我知佛所說法行婬欲非是障道法彼比丘
尼諫此比丘尼言大姊莫作是語莫謗世尊謗世尊者不善
世尊不作是語世尊无數方便說婬欲是障道法犯婬欲者
是障道法彼比丘尼諫此比丘尼時堅持不捨彼比丘尼乃至三
諫時捨者善不捨者波逸提
若比丘尼知如是語人未作法如是邪見不捨若畜同一羯磨同一
止宿者波逸提
若沙弥尼如是言我知佛所說行婬欲非障道法彼比丘尼諫此
沙弥尼言汝莫作是語莫誹謗世尊誹謗世尊者不善世尊
不作是語沙弥尼世尊无數方便說婬欲是障道法犯婬欲者
是障道法彼比丘尼諫此沙弥尼時堅持不捨彼比丘尼應
乃至三訶諫捨此事故乃至三諫時若捨者善不捨者彼比
丘尼應語是沙弥尼言汝自今已去非佛弟子不得隨餘比
丘尼如諸沙弥尼得與比丘尼二宿汝今无是事汝出去滅去不

比丘尼應語是沙弥尼言汝自今已去非佛弟子不得隨餘比
丘尼如諸沙弥尼得與比丘尼二宿汝今无是事汝出去滅去不
須此中住若比丘尼知如是擯沙弥尼者若畜共同止宿者
波逸提
若比丘尼如法諫時作如是語我今不學是戒乃至問有智
慧持律者當難問波逸提若為求解應難問
若比丘尼說戒時如是語大姉用是雜碎戒為說是戒時令
人惱愧懷疑輕毀戒故波逸提
若比丘尼說戒時作如是語大姉我今始知是戒半月半月說
戒經中来餘比丘尼知是比丘尼若二若三說戒中坐何况多
彼比丘尼无知无解若犯罪應如法治更重增无知法大姉汝无
利不善得汝說戒時不用心念不一心兩耳聽法彼无知故波
逸提
若比丘尼共同羯磨已後作如是說諸比丘尼隨親厚以衆僧物
與者波逸提
若比丘尼僧斷事時不與欲而起去者波逸提
若比丘尼與欲竟後更呵者波逸提

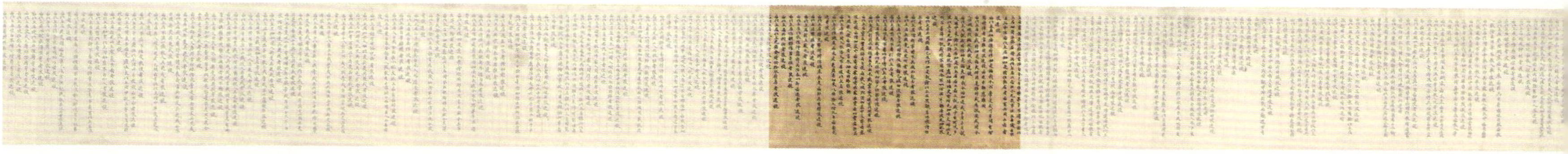

若比丘尼嗔恚不喜以手傳比丘尼者波逸提
若比丘尼嗔恚故不喜以无根僧伽婆尸沙謗者波逸提
若比丘尼剎利水澆頭王王未出未藏寶若入過宮門閾者波逸提
若比丘尼寶及寶莊飾具自捉若教人捉除僧伽藍中及寄宿處
波逸提若僧伽藍中若寄宿處若寄宿處若寶若似寶莊飾具
自捉教人捉若識者當取如是因緣非餘
若比丘尼非時入聚落又不屬授比丘尼波逸提
若比丘尼作繩床若木床足應高如來八指除入陛孔上若截竟
過者波逸提
若比丘尼持兜羅綿貯作繩床木床若卧具坐縟波逸提
若比丘尼噉蒜者波逸提
若比丘尼剃三處毛者波逸提
若比丘尼以水作淨應齊兩指各一節若過者波逸提
若比丘尼以胡膠作男子根者波逸提
若比丘尼共相拍者波逸提
若比丘尼比丘无病食時供給水扇扇者波逸提

BD00208-1　四分比丘尼戒本

若比丘尼上樹過人者波逸提
若比丘尼比丘无病食時供給水扇扇者波逸提
若比丘尼乞生穀者波逸提
若比丘尼在生草上大小便者波逸提
若比丘尼夜便大小便器中晝不看墻外弃者波逸提
若比丘尼往觀看伎樂者波逸提
若比丘尼入村内與男子在屏處共立語者波逸提
若比丘尼與男子共入屏處者波逸提
若比丘尼入村内巷陌中遣伴遠去在屏處與男子耳語者波逸提
若比丘尼入白衣家内坐不語主人捨去者波逸提
若比丘尼入白衣家内不語主人輒坐床者波逸提
若比丘尼入白衣家内不語主人輒自敷坐具宿者波逸提
若比丘尼與男子共入闇室中者波逸提
若比丘尼不審諦受語便向人說者波逸提
若比丘尼有小因緣事便呪咀隨三惡道不生佛法中若我有如
是事隨三惡道不生佛法中若汝有如是事亦隨三惡道不生
佛法中波逸提

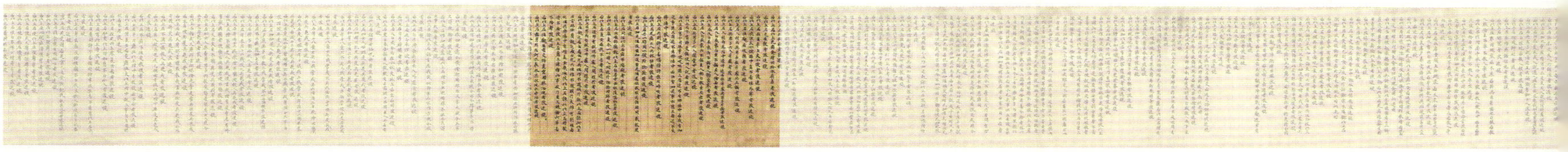

若比丘尼共一縟同一被卧除餘時波逸提
若比丘尼知先住後至知後至先住為惱故在前誦經問義教授
者波逸提
若比丘尼同活比丘尼病不瞻視者波逸提
若比丘尼安居初聽餘比丘尼在房中安床後嗔駈出者波逸提
若比丘尼春夏冬一切時人間遊行除餘因緣者波逸提
若比丘尼夏安居訖不去者波逸提
若比丘尼邊界有疑恐怖處人間遊行者波逸提
若比丘尼界內有疑恐怖處人間遊行者波逸提
若比丘尼親近居士居士兒共住作不隨順行餘比丘尼諫此比丘
尼言妹汝莫親近居士居士兒共住作不隨順行大姊可別住若
別住於佛法中有增益安樂住彼比丘尼諫此比丘尼時堅
持不捨彼比丘尼應三諫捨此事故乃至三諫捨此事善
不捨者波逸提
若比丘尼往觀王宮文飾畫堂園林浴池者波逸提 百
若比丘尼露身形在河水泉水渠水池水中浴者波逸提

若比丘尼露身形在河水泉水渠水池水中浴者波逸提
若比丘尼作浴衣應量作應量作者長佛六搩手廣二搩手半
若過者波逸提
若比丘尼縫僧伽梨過五日除求索僧伽梨出迦絺那衣六難
事起者波逸提
若比丘尼過五日不看僧伽梨波逸提
若比丘尼與衆僧衣作留難者波逸提
若比丘尼輒著衣者波逸提
若比丘尼持沙門衣施與外道白衣者波逸提
若比丘尼作如是意衆僧如法分衣遮令不分恐弟子不得
者波逸提
若比丘尼作如是意令衆僧迦絺那衣後當出欲令五事
久得放捨者波逸提
若比丘尼作如是意遮比丘尼僧不出迦絺那衣欲令久得
五事放捨者波逸提
若比丘尼餘比丘尼語言爲我滅此諍事而不作方便令滅

若比丘尼為白衣作使者波逸提
若比丘尼自手紡績者波逸提
若比丘尼入白衣舍内在小牀大牀上若坐若卧波逸提
若比丘尼至白衣舍語主人敷敷坐止宿明日不辭主人而去者
波逸提
若比丘尼誦習世俗呪術者波逸提
若比丘尼知女人妊娠度與受具足戒者波逸提
若比丘尼知婦女乳兒與受具足戒者波逸提
若比丘尼知年不滿二十與受具足戒者波逸提
若比丘尼年十八童女不與二歲學戒年滿二十便與受具足戒
者波逸提
若比丘尼年十八童女二歲學戒不與六法滿二十便與受具戒
者波逸提
若比丘尼年十八童女與二歲學戒與六法滿二十衆僧不聽便
與受具足戒者波逸提
若比丘尼度曾嫁女年十歲與二歲學戒年滿十二聽與受

若比丘尼度曾嫁女年十歲與二歲學戒年滿十二聽與受
具足戒若減十二與受具足戒者波逸提
若比丘尼度他小年曾嫁婦女與二歲學戒年滿十二不白
衆僧便與受具足戒者波逸提
若比丘尼知如是人與受具足戒者波逸提
若比丘尼多度弟子不教二歲學戒不以二法攝取波逸提
若比丘尼不二歲隨和上尼者波逸提
若比丘尼僧不聽而授人具足戒者波逸提
若比丘尼年未滿十二歲授人具足戒者波逸提
若比丘尼年滿十二歲衆僧不聽便授人具足戒者波逸提
若比丘尼僧不聽受人具足戒便言衆僧有愛有恚有怖
有癡欲聽者便聽不欲聽者便不聽波逸提
若比丘尼父母夫主不聽與受具足戒者波逸提
若比丘尼知女人與童男男子相敬愛愁憂瞋恚女人度令
出家受具足戒者波逸提
若比丘尼語式叉摩那言汝妹捨是學是當與汝受具足戒

方便與受具足戒波逸提
若比丘尼不滿一歲授人具足戒者波逸提
若比丘尼與人授具足戒已經宿方往比丘僧中與受具足戒
者波逸提
若比丘尼不病不往受教授者波逸提
若比丘尼半月應往比丘僧中求教授若不求者波逸提
若比丘尼僧夏安居竟應往大比丘僧中説三事自恣見聞
疑若不者波逸提
若比丘尼在无比丘處夏安居者波逸提
若比丘尼知有比丘僧伽藍不白而入者波逸提
若比丘尼罵比丘者波逸提
若比丘尼憙鬪諍不善憶持諍事後瞋恚不憙罵比丘尼衆
者波逸提
若比丘尼身生癰及種種瘡不白衆及餘人輒使男子破若
裹者波逸提
若比丘尼先受請若足食已後食餅麨乾飯魚及肉者波逸提

若比丘尼先受請若足食已後食餅麨乾飯魚及肉者波逸提
若比丘尼於食家生嫉妬心者波逸提
若比丘尼以香塗摩身者波逸提
若比丘尼以胡麻滓塗身者波逸提
若比丘尼使比丘尼塗摩身者波逸提
若比丘尼使式叉摩那塗摩身者波逸提
若比丘尼使沙彌尼塗摩身者波逸提
若比丘尼使白衣婦女塗摩身者波逸提
若比丘尼着貯跨衣波逸提
若比丘尼畜婦女莊嚴身具除時因緣波逸提
若比丘尼着革屣持蓋除時因緣波逸提
若比丘尼无病乘乘行除時因緣波逸提
若比丘尼不着僧祇支入村者波逸提
若比丘尼向暮至白衣家先不被喚波逸提
若比丘尼向暮開僧伽藍門不囑授餘比丘尼而出者波逸提
若比丘尼日沒開僧伽藍門不囑授而出者波逸提

若比丘尼知二形人與受具足戒波逸提
若比丘尼知二道合者與授具足戒波逸提
若比丘尼知有負債難者病難者與授具足戒者波逸提
若比丘尼學世俗伎術以自活命者波逸提
若比丘尼以世俗伎術教授白衣者波逸提
若比丘尼被擯不去者波逸提
若比丘尼欲問比丘義先不求而問者波逸提
若比丘尼知先住後至後至先住欲惱彼故在前經行若立若
坐若卧波逸提
若比丘尼在有比丘僧伽藍內起塔波逸提
若比丘尼見親受戒比丘應起迎逆恭敬礼拜問訊請與坐
不者除時因緣波逸提
若比丘尼為好故搖身趍行波逸提
若比丘尼作婦女莊嚴香塗摩身波逸提
若比丘尼使外道女香塗摩身者波逸提
諸大姉我已說一百七十八波逸提法今問諸大姉是中清淨不三說

諸大姊我已説一百七十八波逸提法今問諸大姊是中清淨不三説
諸大姊是中清淨默然故是事如是持
諸大姊是八波羅提提舍尼法半月半月説戒經中來
若比丘尼无病乞蘇而食者犯應懺悔可呵法應向餘比丘尼説
言大姊我犯可呵法所不應為我今向大姊懺悔是法名
悔過法
若比丘尼无病乞油而食者犯應懺悔可呵法應向餘比丘尼
説言大姊我犯可呵法所不應為我今向大姊懺悔是法
名悔過法
若比丘尼无病乞蜜而食者犯應懺悔可呵法應向餘比丘尼説
言大姊我犯可呵法所不應為我今向大姊懺悔是法名悔過法
若比丘尼无病乞黑石蜜而食者犯應懺悔可呵法應向餘比丘尼
説言大姊我犯可呵法所不應為我今大姊懺悔是法名悔過
法
若比丘尼无病乞乳而食者犯應懺悔可呵法應向餘比丘尼説
言大姊我犯可呵法所不應為我今向大姊懺悔是法名悔過法

過法

若比丘尼无病乞魚而食者犯應懺悔可呵法應向餘比丘尼

說言大姉我犯可呵法所不應為我 今向大姉懺悔是名悔過

法

若比丘尼无病乞肉而食者犯應懺悔可呵法應餘比丘尼說

言大姉我犯可呵法所不應為我今向大姉懺悔是名悔過

法

諸大姉我已說八波羅提提舍尼法今問諸大姉是中清淨不（三說）

諸大姉是中清淨默然故是事如是持

諸大姉是衆學戒法半月半月說戒經中來

當齊整著涅僧應當學

當齊整著三衣應當學

不得反抄衣行入白衣舍應當學

不得反抄衣行入白衣舍坐應當學

不得衣纏頸入白衣舍 應當學

不得衣纏頸入白衣舍坐應當學

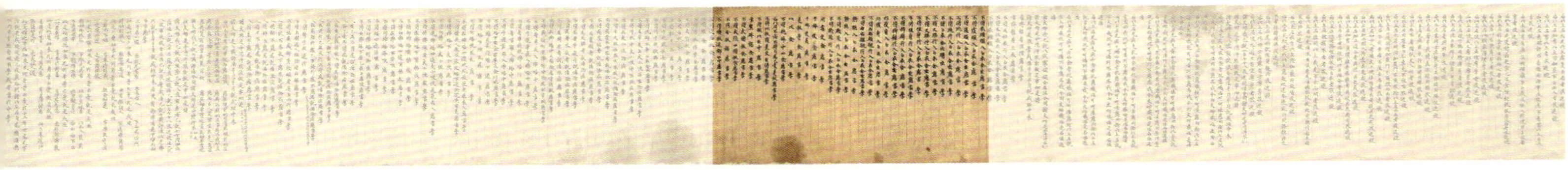

不得衣纏頸入白衣舍坐應當學
不得覆頭入白衣舍坐應當學
不得跳行入白衣舍應當學
不得跳行入白衣舍坐應當學
不得白衣舍内蹲坐應當學
不得叉腰行入白衣舍應當學
不得叉腰行入白衣舍坐應當學
不得搖身行入白衣舍應當學
不得搖身行入白衣舍坐應當學
不得棹臂行入白衣舍應當學
不得棹臂行入白衣舍坐應當學
好覆身入白衣舍應當學
好覆身入白衣舍坐應當學
不得左右顧視行入白衣舍應當學
不得左右顧視行入白衣舍坐應當學

不得戲笑行入白衣舍應當學
不得戲笑行入白衣舍坐應當學
用意受食應當學
平鉢受食應當學
平鉢受羹應當學
羹飯等食應當學
以次食應當學
不得挑鉢中而食應當學
若比丘尼不病不得自為己索羹飯應當學
不得以飯覆羹更望得應當學
不得視比坐中應當學
當繫鉢想食應當學
不得大摶飯食應當學
不得大張口待飯食應當學
不得含飯語應當學
不得摶飯遥擲口中應當學

不得摶飯遥擲口中應當學
不得遺落飯食應當學
不得頰食食應當學
不得嚼飯作聲食應當學
不得大噏飯食應當學
不得舌舐食應當學
不得振手食應當學
不得手把散飯食應當學
不得汙手捉飲器應當學
不得洗鉢水棄白衣舍內應當學
不得生草菜上大小便涕唾除病應當學
不得淨水中大小便涕唾除病應當學
不得立大小便除病應當學
不得与叉衣抄衣不恭敬人說法除病應當學
不得為覆衣纏頸者說法除病應當學
不得為覆頭者說法除病應當學

不得為著草屣者説法除病應當學
不得為著木屐者説法除病應當學
不得為騎乘者説法除病應當學
不得在佛塔中止宿除為守護故應當學
不得藏財物置佛塔中除為堅牢故應當學
不得著草屣入佛塔中應當學
不得手捉草屣入佛塔中應當學
不得著草屣繞佛塔行應當學
不得著富羅入佛塔中應當學
不得手捉富羅入佛塔中應當學
不得塔下坐食留草及食汙地應當學
不得擔死屍從塔下過應當學
不得塔下埋死屍應當學
不得向塔燒死屍應當學
不得在佛塔四邊燒死屍使臭氣來入應當學
不得持死人衣及床從塔下過除浣染香熏應當學
不得在佛塔下大小便應當學

不得持死人衣及床從塔下過除浣染香熏應當學
不得佛塔下大小便應當學
不得向佛塔大小便應當學
不得繞佛塔四邊大小便使臭氣來入應當學
不得持佛像至大小便處應當學
不得在佛塔下嚼楊枝應當學
不得向佛塔嚼楊枝應當學
不得佛塔四邊嚼楊枝應當學
不得在佛塔下涕唾應當學
不得向佛塔涕唾應當學
不得塔四邊涕唾應當學
不得向佛塔舒脚坐應當學
不得安佛塔下房已在上房住應當學
人坐已立不得為說法除病應當學
人卧已坐不得為說法除病應當學
人在坐已在非坐不得為說法除病應當學

人在高經行處已在下經行處不應爲説法除病應當學

不得攜手在道行應當學 人在道己在非道不應爲説法除病應當學

不得上樹過人頭除時因緣應當學

不得絡囊盛鉢貫杖頭著肩上而行應當學

人持杖不恭敬不應爲説法除病應當學

人持劒不應爲説法除病應當學

人持鉾不應爲説法除病應當學

人持刀不應爲説法除病應當學

人持蓋不應爲説法除病應當學

諸大姊是中清淨默然故是事如是 諸大姊是衆學戒法今問諸大姊是中清淨不 如是三説

諸大姊是七滅諍法半月半月説戒經中來

若比丘尼有諍事起即應除滅 應與現前毗尼當與現前毗尼

應與憶念毗尼當與憶念毗尼 應與不癡毗尼當與不癡毗尼

應與自言治當與自言治 應與多人覓罪當與多人覓罪

應與覓罪相當與覓罪相 應與如草覆地當與如草覆地

諸大姊我已説七滅諍法今問諸大姊是中清淨不 如是三説

諸大姉戒已說七滅諍法今問諸大姉是中清淨不如是三說
諸大姉是中清淨默然故是事如是持
諸大姉戒已說戒經序已說八波羅夷法已說十七僧伽婆
尸沙法已說三十尼薩耆波逸提法已說一百七十八波逸提法已說
八波羅提提舍尼法已說衆學戒法已說七滅諍法此是佛
所說半月半月說戒經中來若更有餘佛法是中皆共和
合當應學
忍辱第一道　佛說无爲最　出家惱他人　不名爲沙門
此是毗婆尸如來无所著等正覺說是戒經
譬如明眼人　能避險惡道　世有聰明人　能遠離諸惡
此是尸棄如來无所著等正覺說是戒經
不謗亦不嫉　當奉行於戒　飲食知止足　常樂在空閑
心定樂精進　是名諸佛教
此是毗葉羅如來无所著等正覺說是戒經
譬如蜂採花　不壞色與香　但取其味去　比丘入聚然
不違戾他事　不觀作不作　但自觀身行　若正若不正

此是迦葉如来无所著等正覺說是戒經
善護於口言　自淨其志意　身莫作諸惡　此三業道淨
能得如是行　是大仙人道
此是釋迦牟尼如来无所著等正覺於十二年中為无事
僧說是戒經從是已後廣分別諸比丘尼自為樂法樂
沙門者有慙有愧樂學戒者當於中學
明人能護戒　能得三種樂　名譽及利養　死得生天上
當觀如是處　有智勤護戒　戒淨有智慧　便得第一道
如過去諸佛　及以未来者　現在諸世尊　能勝一切憂
皆共尊敬戒　此是諸佛法　若有自為身　欲求於佛道
當尊重正法　此是諸佛法　七佛為世尊　滅除諸結使
說是七戒經　諸縛得解脫　已入於涅槃　諸戲永滅盡
尊行大仙說　聖賢稱譽戒　弟子之所行　入寂滅涅槃
世尊涅槃時　興起於大悲　集諸比丘尼眾　與如是教戒
莫謂我涅槃　淨行者无護　我今說戒經　亦善說毗尼
我雖般涅槃　當視如世尊　此經久住世　佛法得熾盛

我雖般涅槃　當視如世尊　此經久住世　佛法得熾盛
以是熾盛故　得入於涅槃　若不持此戒　如所應布薩
喻如日沒時　世界皆闇冥　當護持是戒　如犛牛愛尾
和合一處坐　如佛之所說　我已說戒經　衆僧布薩竟
我今說戒經　所說諸功德　施一切衆生　皆共成佛道

四分戒本一卷

佛說犯戒罪報輕重經

如是我聞一時佛在王舍城迦蘭陁竹園尒時尊者大目連晡時
從禪定覺往至世尊所頭面礼足却住一面時尊者大目連
白佛言世尊意有所疑今欲請問唯願聽許佛告目連聽
汝所問當為汝說目連即白佛言世尊若比丘比丘尼无慙无媿
心輕慢佛語衆學戒如是犯波羅提提舍尼波夜提偷蘭遮
僧伽婆尸沙波羅夷得幾所不饒益罪唯願解說佛告目連
諦聽諦聽當為汝說若比丘比丘尼若无慙无愧輕慢佛說犯
衆學戒如四天王壽五百歲墮泥犁中於人間數九百千歲佛告
目連若无慙无媿輕慢佛語犯波羅提提舍尼如三十三天壽

數二十億四十千歲佛告目連若无慙无媿輕慢佛語犯偷蘭遮

如兜率天壽四千歲墮泥犁中於人間數五十億六十千歲佛

告目連若无慙无媿輕慢佛語犯僧伽婆尸沙如不憍樂天壽八

千歲墮泥犁中於人間數二百三十億四十千歲佛告目連若无慙

无媿輕慢佛語波羅夷如他化自在天壽十六千歲墮泥犁中

於人間數九百二十一億六十千歲爾時尊者目連聞佛所說歡喜

奉行爾時目連即說偈言

因緣輕慢故　命終墮惡道　因緣修善故　於此生天上

緣斯修善業　離惡得解脫　不善觀因緣　身壞入惡道

佛說犯戒罪報輕重經

BD00209 妙法蓮華經卷三

（後秦）鳩摩羅什 譯

417.3cm×24.8cm

王一心同聲而說偈言
世雄兩足尊　唯願演說法　以大慈悲力　度苦惱衆生
尒時大通智勝如来嘿然許之又諸比丘東
南方五百万億國土諸大梵王各自見宮殿
光明照曜昔所未有歡喜踊躍生希有心即
各相詣共議此事而彼衆中有一大梵天王
名曰大悲為諸梵衆而說偈言
是事何因緣　而現如此相　我等諸宮殿　光明昔未有
為大德天生　為佛出世間　未曾見此相　當共一心求
過千万億土　尋光共推之　多是佛出世　度脫苦衆生
尒時五百万億諸梵天王與宮殿俱各以衣
裓盛諸天華共詣西北方推尋是相見大通
智勝如来處于道場菩提樹下坐師子座諸
天龍王乾闥婆緊那羅摩睺羅伽人非人等

佛上所散之華如須弥山并以供養佛菩提
樹華供養已各以宮殿奉上彼佛而作是言
唯見哀愍饒益我等所獻宮殿願垂納受尒
時諸梵天王即於佛前一心同聲以偈頌曰
聖主天中天　迦陵頻伽聲　哀愍衆生者　我等今敬礼
世尊甚希有　久遠乃一現　一百八十劫　空過无有佛
三惡道充滿　諸天衆減少　今佛出於世　為衆生作眼
世間所歸趣　救護一切　為衆生之父　哀愍益者
我等宿福慶　今得值世尊
尒時諸梵天王偈讚佛已各作是言唯願世
尊哀愍一切轉於法輪度脫衆生時諸梵天
王一心同聲而說偈言
大聖轉法輪　顯示諸法相　度苦惱衆生　令得大歡喜
衆生聞是法　得道若生天　諸惡道減少　忍善者增益

衆生聞是法　得道若生天　諸惡道減少　忍善者增益
尒時大通智勝如來嘿然許之又諸比丘南方
五百万億國土諸大梵王各自見宮殿光
明照曜昔所未有歡喜踊躍生希有心各
相詣共議此事以何因緣我等宮殿有此光
曜而彼衆中有一大梵天王名曰妙法為諸
梵衆而說偈言
我等諸宮殿　光明甚威曜　此非无因緣　是相宜求之
過於百千劫　未曾見此相　為大德天生　為佛出世間
尒時五百万億諸梵天王與宮殿俱各以衣
裓盛諸天華共詣北方推尋是相見大通智
勝如來處于道場菩提樹下坐師子座諸天
龍王乾闥婆緊那羅摩睺羅伽人非人等恭
敬圍遶及見十六王請佛轉法輪時諸梵

華供養已各以宮殿奉上彼佛而作是言唯
見哀愍饒益我等所獻宮殿願垂納處尒時
諸梵天王即於佛前一心同聲以偈頌曰
世尊甚難　破諸煩惱者　過百三十劫　今乃得一見
諸飢渴衆生　以法雨充滿　昔所未曾覩　无量智慧者
如優曇波羅　今日乃值遇　我等諸宮殿　蒙光故嚴飾
世尊大慈愍　唯願垂納受
尒時諸梵天王偈讚佛已各作是言唯願世
尊轉於法輪令一切世間諸天魔梵沙門婆
羅門皆獲安隱而得度脫時諸梵天王一心
同聲以偈頌曰
唯願天人尊　轉无上法輪　擊于大法鼓　而吹大法螺
普雨大法雨　度无量衆生　我等咸歸請　當演深遠音
尒時大通智勝如來嘿然許之西南方乃至

尒時大通智勝如來嘿然許之西南方乃至
下方亦復如是
尒時上方五百万億國土諸大梵王皆悉自覩
所止宮殿光明威曜昔所未有歡喜踊躍
生希有心即各相詣共議此事以何因緣我
等宮殿有斯光明而彼衆中有一大梵天王
名曰尸棄為諸梵衆而說偈言
今以何因緣　我等諸宮殿　威德光明曜　嚴飾未曾有
如是之妙相　昔所不聞見　為大德天生　為佛出世間
尒時五百万億諸梵天王與宮殿俱各以衣
裓盛諸天華共詣下方推尋此相見大通智
勝如來處于道場菩提樹下坐師子座諸天
龍王乾闥婆緊那羅摩睺羅伽人非人等恭
敬圍遶及見十六王子請佛轉法輪時諸梵

華供養已各以宮殿奉上彼佛而作是言唯
見哀愍饒益我等所獻宮殿願垂納處時諸
梵天王即於佛前一心同聲以偈頌曰
善哉見諸佛　救世之聖尊　能於三界獄　挽出諸衆生
普智天人尊　哀愍群萌類　能開甘露門　廣度於一切
於昔无量劫　空過无有佛　世尊未出時　十方常闇冥
三惡道增長　阿脩羅亦盛　諸天衆轉減　死多墮惡道
不從佛聞法　常行不善事　色力及智慧　斯等皆減少
罪業因緣故　失樂及樂想　住於邪見法　不識善儀則
不蒙佛所化　常墮於惡道　佛為世間眼　久遠時乃出
哀愍諸衆生　故現於世間　超出成正覺　我等甚欣慶
及餘一切衆　喜歎未曾有　我等諸宮殿　蒙光故嚴飾
今以奉世尊　唯垂哀納受　願以此功德　普及於一切
我等與衆生　皆共成佛道

BD00209　妙法蓮華經卷三

我等與衆生　皆共成佛道
尒時五百万億諸梵天王偈讚佛已各白佛
言唯願世尊轉於法輪多所安隱多所度脫
時諸梵天王而說偈言
世尊轉法輪　擊甘露法鼓　度苦惱衆生　開示涅槃道
唯願受我請　以大微妙音　哀愍而敷演　无量劫集法
尒時大通智勝如來受十方諸梵天王及十
六王子請即時三轉十二行法輪若沙門婆
羅門若天魔梵及餘世間所不能轉謂是苦
是苦集是苦滅是苦滅道及廣說十二因緣
法无明緣行行緣識識緣名色名色緣六入
六入緣觸觸緣受受緣愛愛緣取取緣有有
緣生生緣老死憂悲苦惱无明滅則行滅行
滅則識滅識滅則名色滅名色滅則六入滅

老死憂悲苦惱滅佛於天人大衆之中説是
法時六百万億那由他人以不受一切法故
而於諸漏心得解脱皆得深妙禪定三明六通
具八解脱第二第三第四説法時千万億
恒河沙那由他等衆生亦以不受一切法故
而於諸漏心得解脱從是已後諸聲聞衆无
量无邊不可稱數尒時十六王子皆以童
子出家而爲沙弥諸根通利智慧明了已曾供
養百千万億諸佛淨脩梵行求阿耨多羅三
藐三菩提倶白佛言世尊是諸无量千万億
大德聲聞皆已成就世尊亦當爲我等説阿
耨多羅三藐三菩提法我等聞已皆共脩學
世尊我等志願如來知見深心所念佛自證
知尒時轉輪聖王所將衆中八万億人見十

知尒時轉輪聖王所將衆中八万億人見十
六王子出家亦求出家王即聽許尒時彼佛
受沙弥請過二万劫已乃於四衆之中說是
大乘經名妙法蓮華教菩薩法佛所護念說
是經已十六沙弥為阿耨多羅三藐三菩提
故皆共受持諷誦通利說是經時十六菩薩
沙弥皆悉信受聲聞衆中亦有信解其餘衆
生千万億種皆生疑惑佛說是經於八千劫
未曾休癈說此經已即入靜室住於禪定八
万四千劫是時十六菩薩沙弥知佛入室寂
然禪定各昇法座亦於八万四千劫為四部
衆廣說分別妙法華經一一皆度六百万億
那由他恒河沙等衆生示教利喜令發阿耨
多羅三藐三菩提心大通智勝佛過八万四

智慧明了已曾供養无量千万億數諸佛於
諸佛所常脩梵行受持佛智開示衆生令入
其中汝等皆當數數親近而供養之所以者
何若聲聞辟支佛及諸菩薩能信是十六菩
薩所說經法受持不毀者是人皆當得阿耨
多羅三藐三菩提如來之慧佛告諸比丘是
十六菩薩常樂說是妙法華經一一菩薩所
化六百万億那由他恒河沙等衆生世世所
生與菩薩俱從其聞法悉皆信解以此因緣
得值四万億諸佛世尊于今不盡諸比丘我
今語汝彼佛弟子十六沙弥今皆得阿耨多
羅三藐三菩提於十方國土現在說法有无
量百千万億菩薩聲聞以為眷屬其二沙弥
東方作佛一名阿閦在歡喜國二名須弥頂

東方作佛一名阿閦在歡喜國二名須弥頂
東南方二佛一名師子音二名師子相南方
二佛一名虛空住二名常滅西南方二佛一
名帝相二名梵相西方二佛一名阿弥陀二
名度一切世間苦惱西北方二佛一名多摩
羅跋栴檀香神通二名須弥相北方二佛一
名雲自在二名雲自在王東北方佛名壞一
切世間怖畏第十六我釋迦牟尼佛於娑婆
國土成阿耨多羅三藐三菩提諸比丘我等
為沙弥時各各教化无量百千万億恒河沙
等衆生從我聞法為阿耨多羅三藐三菩提
此諸衆生于今有住聲聞地者我常教化阿
耨多羅三藐三菩提是諸人等應以是法漸
入佛道所以者何如來智慧難信難解尒時

後復有弟子不聞是經不知不覺菩薩所行
自於所得功德生滅度想當入涅槃我於餘
國作佛更有異名是人雖生滅度之想入於
涅槃而於彼土求佛智慧得聞是經唯以佛
乘而得滅度更无餘乘除諸如來方便說法
諸比丘若如來自知涅槃時到衆又清淨信
解堅固了達空法深入禪定便集諸菩薩及
聲聞衆為說是經世間无有二乘而得滅度
唯一佛乘得滅度耳比丘當知如來方便深
入衆生之性知其志樂小法深著五欲為是
等故說於涅槃是人若聞則便信受譬如五
百由旬險難惡道曠絕无人怖畏之處若有
多衆欲過此道至珍寶處有一導師聰慧
明達善知險道通塞之相將導衆人欲過此難
所將人衆中路懈退白導師言我等疲極而

所將人衆中露懈退白導師言我等疲極而
復怖畏不能復進前路猶遠今欲退還導師
多諸方便而作是念此等可愍云何捨大珎
寶而欲退還作是念已以方便力於險道中
過三百由旬化作一城告衆人言汝等勿怖
莫得退還今是大城可於中止隨意所作若
入是城快得安隱若能前至寶所亦可得去
是時疲極之衆心大歡喜嘆未曾有我等今
者免斯惡道快得安隱於是衆人前入化城
生已度想生安隱想尒時導師知此人衆既
得止息无復疲惓即滅化城語衆人言汝等
去來寶處在近向者大城我所化作為止息
耳諸比丘如來亦復如是今為汝等作大導
師知諸生死煩惱惡道險難長遠應去應度

佛知是心怯弱下劣以方便力而於中道為止
息故說二涅槃若衆生住於二地如來尒
時即便為說汝等所作未辦汝所住地近於
佛慧當觀察籌量所得涅槃非真實也但是
如來方便之力於一佛乘分別說三如彼導
師為止息故化作大城既知息已而告之言
寶處在近此城非實我化作耳尒時世尊欲
重宣此義而說偈言
大通智勝佛　十劫坐道場　佛法不現前　不得成佛道
諸天神龍王　阿脩羅衆等　常雨於天華　以供養彼佛
諸天擊天鼓　并作衆伎樂　香風吹萎華　更雨新好者
過十小劫已　乃得成佛道　諸天及世人　心皆懷踊躍
彼佛十六子　皆與其眷屬　千万億圍遶　俱行至佛所
頭面礼佛足　而請轉法輪　聖師子法雨　充我及一切

頭面礼佛足　而請轉法輪　聖師子法雨　充我及一切
世尊甚難值　久遠時一現　為覺悟群生　震動於一切
東方諸世界　五百万億國　梵宮殿光曜　昔所未曾有
諸梵見此相　尋來至佛所　散華以供養　并奉上宮殿
請佛轉法輪　以偈而讚嘆　佛知時未至　受請黙然坐
三方及四維　上下亦復尒　散華奉宮殿　請佛轉法輪
世尊甚難值　願以大慈悲　廣開甘露門　轉无上法輪
无量慧世尊　受彼衆人請　為宣種種法　四諦十二緣
无明至老死　皆從生緣有　如是衆過患　汝等應當知
宣暢是法時　六百万億姟　得盡諸苦際　皆成阿羅漢
第二說法時　千万恒沙衆　於諸法不受　亦得阿羅漢
從是後得道　其數无有量　万億劫筭數　不能得其邊
時十六王子　出家作沙弥　皆共請彼佛　演說大乘法
我等及營從　皆當成佛道　願得如世尊　慧眼第一淨

説是法華經　如恒河沙偈　彼佛説經已　静室入禪定
一心一處坐　八万四千劫　是諸沙弥等　知佛禪未出
爲无量億衆　説佛无上慧　各各坐法座　説是大乘經
於佛宴寂後　宣揚助法化　一一沙弥等　所度諸衆生
有六百万億　恒河沙等衆　彼佛滅度後　是諸聞法者
在在諸佛土　常與師俱生　是十六沙弥　具足行佛道
今現在十方　各得成正覺　尒時聞法者　各在諸佛所
其有住聲聞　漸教以佛道　我在十六數　曾亦爲汝説
是故以方便　引汝趣佛慧　以是本因緣　今説法華經
令汝入佛道　慎勿懷驚懼　譬如險惡道　迥絶多毒獸
又復无水草　人所怖畏處　无數千万衆　欲過此險道
其路甚曠遠　經五百由旬　時有一導師　強識有智慧
明了心決定　在險濟衆難　衆人皆疲惓　而白導師言
我等今頓乏　於此欲退還　導師作是念　此輩甚可愍

我等今頓乏　於此欲退還　導師作是念　此輩甚可愍
如何欲退還　而失大珎寶　尋時思方便　當設神通力
化作大城郭　莊嚴諸舍宅　周匝有園林　渠流及浴池
重門高樓閣　男女皆充滿　即作是化已　慰衆言勿懼
汝等入此城　各可隨所樂　諸人既入城　心皆大歡喜
皆生安隱想　自謂已得度　導師知息已　集衆而告言
汝等當前進　此是化城耳　我見汝疲極　中道欲退還
故以方便力　權化作此城　汝今勤精進　當共至寶所
我亦復如是　為一切導師　見諸求道者　中路而懈廢
不能度生死　煩惱諸險道　故以方便力　為息說涅槃
言汝等苦滅　所作皆已辦　既知到涅槃　皆得阿羅漢
爾乃集大衆　為說真實法　諸佛方便力　分別說三乘
唯有一佛乘　息處故說二　今為汝說實　汝所得非滅
為佛一切智　當發大精進　汝證一切智　十力等佛法

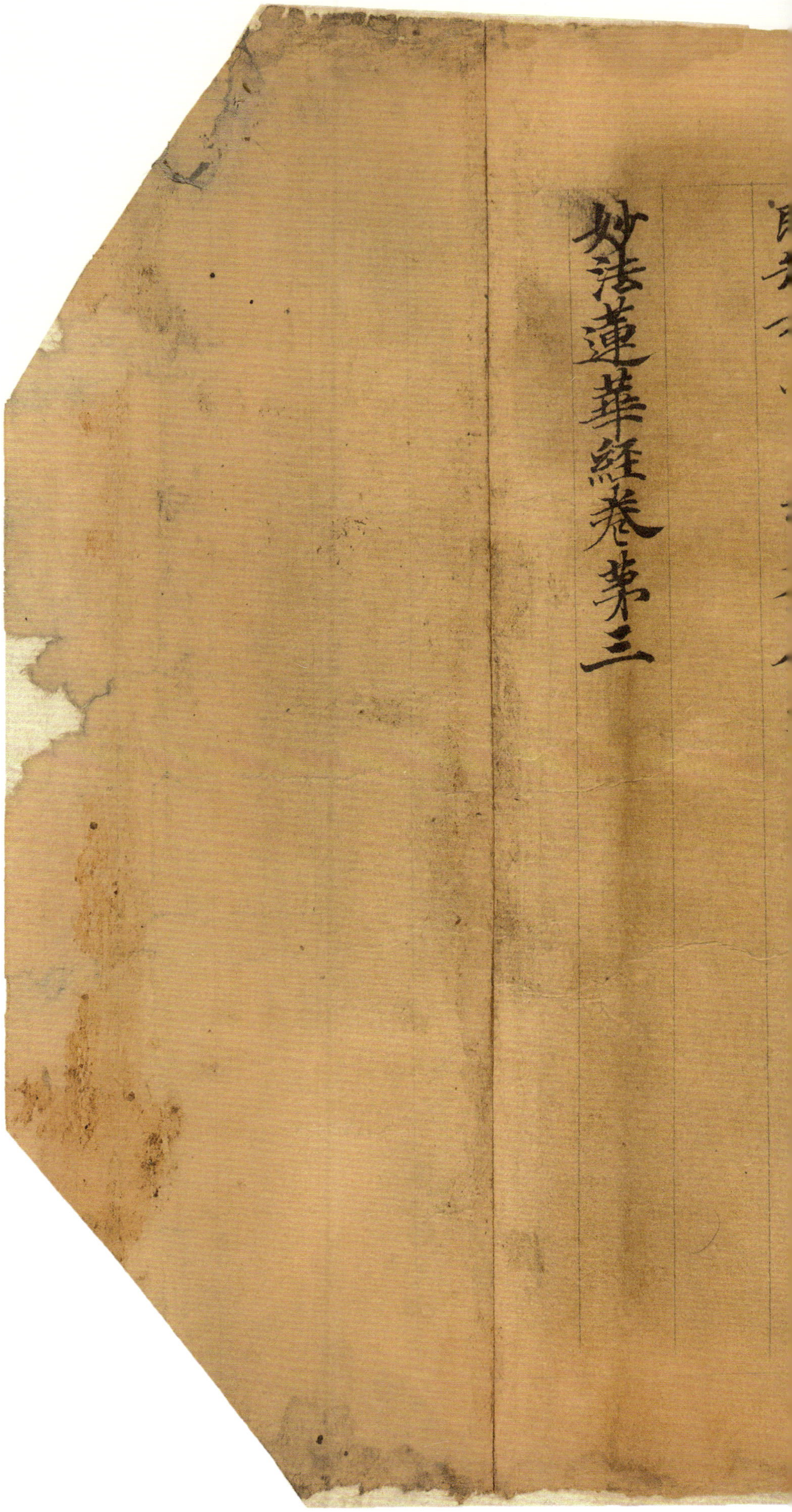

妙法蓮華經卷苐三

BD00209　妙法蓮華經卷三

BD00210　天地八陽神咒經

291.5cm×25.7cm

十上
大天王一心供養　癸丑年十二月　張保

佛說八陽神呪經　聞

佛說八陽神呪經
聞如是一時佛在毗耶達摩城寮廓宅中十方相隨四衆
圍遶尒時无㝵菩薩在大衆中即從座起合掌向佛
而白佛言世尊此閻浮提衆生遞代相生无始已来相
續不斷有識者少無知者多長壽者少短命者多

曲諂者多清情者少濁濫者多致使世俗淺薄官
法荼毒賦役煩重百姓窮苦所求難得良由信邪
倒見獲如是苦唯願世尊為諸邪見衆生說其正
見之法令得悟解免於衆苦
佛言善哉善哉无㝵菩薩汝大慈悲為諸邪見
衆生問於如來正見之法不可思議汝等諦聽善
思念之吾當為汝分別演說天地八陽之經此經過去
諸佛已說未來諸佛當說現在諸佛今說夫天地
之間為人最勝最上貴於一切万物人者直也正也
心無虛妄身行正真左為正右為真常行正真故名為人是知
人能弘道道以潤身依道依人皆得成聖道
佛告无㝵菩薩一切衆生既得人身不能脩福
背真向偽造種種惡業命將欲終必沉苦海受種種
罪苦若聞此經信心不逆即得解脫諸罪諸難
出於苦海善神加護无諸鄣㝵延年益壽而无
橫夭以信力故獲如斯福

出於吉浴善神加護无諸章㝵延年益壽命无
横夭以信力故獲如斯福
復次无㝵菩薩若有善男子善女人信邪倒見
即被邪魔外道魑魅魍魎鳥鳴百怪是諸惡鬼
競來惱亂與其横病惡腫惡疰受其苦痛无有
休息皆悉遇善知識為讀八陽經三遍是諸惡鬼
皆悉消滅病即除愈身強力足讀經功德獲
如斯福若有衆生多於婬欲瞋恚愚癡慳貪
嫉妬若見此經信敬供養即讀三遍愚癡等惡
並皆消滅慈悲喜捨得佛法分
復次无㝵菩薩若有善男子善女人興有為法先
讀此經三遍築墻動土安立家宅南廳北堂東
序西序廚舍客屋門戶井竈碓磑庫藏六畜蘭
圈日遊月殺將軍太歲黄幡豹尾五土地神青龍
白虎朱雀玄武六甲禁諱十二諸神土尉伏龍一切
魍魎皆悉隱藏遠屏四方形消影滅不敢為害甚
大吉利獲福无量善男子興功之後堂舍永安屋宅

弟順夫妻和睦信義萬親所願成就若有衆生忽
被縣官拘執盗賊牽挽暫讀此經三遍即得解脫
若有衆生受持讀誦為他書寫八陽經者設入水
火不被焚溺或在山澤一切虎狼屏跡不敢搏噬
善神衛護成无上道若復有人多於妄語兩舌
惡口若能受持讀誦此經永除四過得四无㝵辯而
成佛道
復次善男子善女人父母有罪臨終之日應墮地
獄受无量苦其子即為讀斯經典七遍父母即離
地獄而生天上見佛聞法悟无生忍而證菩提佛告
无㝵菩薩毗婆尸佛時有優婆塞優婆夷心不信
邪敬崇佛法書寫此經受持讀誦所有興作須
作即作一无所問以正信故兼行布施平等供養得
无漏身成菩提道号曰普光如來應正等覺劫名
大滿國号无邊一切人民皆行菩薩无所有法復次
善男子此八陽經行在閻浮提在在處處有八陽

善男子此八陽經行在閻浮提在在處處有八陽
菩薩諸梵天王一切明靈圍繞此經香華供養如佛无
異善男子善女人等為諸衆生講說此經深解實相
得甚深理即知身心佛身法心所以能知即知慧眼常
見種種无盡色色即是空空即是色受想行識亦空
即是妙色身如来耳常聞種種无盡聲聲即是空空
即是聲是妙音如来鼻常臭種種无盡香香即是
空空即是香是香積如来舌常了種種无盡味味
即是空空即是味是法喜如来身常覺種種无
盡觸觸即是空空即是觸是智明如来善男子意常想分
別種種无盡法法即是空空即是法是法明如来
善男子此六根顯現人皆口說之說其善法輪常轉
即成聖道若說邪語惡法常轉即墮惡趣善男子
善惡之理不得不信无尋菩薩人之身心是佛法器
亦是十二部大經卷也无理已来轉轉不盡不損毫毛
如来藏經唯識心見性者知所能知非知聲聞凡夫所

趣墮於惡道水流苦海不聞佛名字无導菩薩復白
佛言世尊人之在世生死為重生不擇日時至即生死不
擇日時生即死
何因殯葬即問良晨吉日然始殯葬殯葬之後還有
妨害貧窮者滅多門者不少唯願世尊為諸邪見
无知眾生說其因緣令得正道除其顛倒
佛言善哉善哉善男子汝寶甚能問於眾生生死之事
殯葬之法汝等諦聽當汝為說智慧之理大道之法夫天地
廣太清日月廣長明時年善善美實无有異善男
子人王菩薩甚大慈悲愍念眾生皆如赤子下為人主
作人父母順於俗民教於俗法遣作曆日班下天下令
知時節為有平滿成收開除之字執危破煞之文愚人依
字信用亢不免於凶禍又使邪師厭鎮說是道非溫
邪神拜餝鬼却招殃自受苦如斯人輩反天時逆地理
輩日月之光明常投闇室違正道之廣道路恒尋邪徑
顛倒之甚也復次善男子生時讀此經三遍見則易生甚
大吉利聰明利智福德具足而无中夭死時讀此經三

顛倒之甚也復次善男子於時讀此經三遍死殁身生甚
大吉利聰明利智福德具足而无中夭死時讀此經三
遍一无妨害得福无量善男子日日好日月月好月
年年好年年實無間隔但辦即須殯葬殯葬之後讀此經七
遍甚大吉利獲福无量門榮人貴延年益壽命終之
後並得成聖善男子殯葬之地不問東西南北安穩
之處人之愛樂鬼神愛樂即讀此經義富人興甚大吉
利讀經三遍便以修塋安置墓田永无灾障家富人興
甚大吉利
尒時世尊欲重宣此義而說偈言
勞生善善日　休殯好好時　生死讀此經　甚得大利益
月月善明月　年年大好年　讀經即殯葬　榮華万代昌
尒時衆中七万七千人聞佛所說心開意解捨邪歸正得
佛分永斷疑惑皆得阿耨多羅三藐三菩提无导菩
薩復白佛言世尊一切凡夫皆以婚姻為親先問相宜
復取吉日然始成親成親已後富貴偕老者少貧窮
生離死別者多一種信邪如何有差別唯願世尊

水陰火陽男陰女陽天地氣合一切草木生焉日月交
運四時八節明焉水火相承一切万物熟焉男女
允諧子孫興焉皆是天之常道自然之利世諦之
法善男子愚人無智信其邪師卜問望吉而不修
善造種種惡業命終之後復得人身者如指甲上土墮
於地獄作餓鬼畜生者如大地土善男子復得
人身正信修善者如指甲上土信耶造惡業者如
大地土善男子若結婚親莫問水火相尅胎胞相
賬一看祿命書即知福德多小以為眷屬呼迎日之讀
此經三遍即以成禮此乃善善相因明明相屬門
高人貴子孫興盛聰明利智多才多藝孝敬
相承甚大吉利而无中夭福德具足皆成佛道時
有八菩薩承佛威神得大惣持常處人間和光同
塵破邪竪正度四生處八解脫其名曰
䟦陁和菩薩漏盡和　羅隣竭菩薩漏盡和
䟦陁和菩薩漏盡和　羅隣竭菩薩漏盡和
憍日兜菩薩漏盡和　須尔深菩薩漏盡和

跋陀和菩薩漏盡和　羅隣竭菩薩漏盡和
憍曰兜菩薩漏盡和　須弥深菩薩漏盡和
那羅達菩薩漏盡和　曰板達菩薩漏盡和
和輪調菩薩漏盡和　无緣觀菩薩漏盡和
是八菩薩俱白佛言世尊我等於諸佛所受得
陀羅尼神呪而今説之擁護受持讀誦八陽經
者永无恐怖使一切不善之物不得侵損讀經
法師即於佛前而説呪曰
阿佉尼　尼佉尼　阿毗羅　曼隸　曼多隸
世尊若有不善者欲來惱法師聞我此呪頭
破作七分如阿梨樹枝
是時无邊身菩薩白佛言世尊云何名為八陽
經唯願世尊為諸聽衆解説其義令得醒悟速
達心本入佛知見永斷疑悔
佛言善哉善哉善男子汝等諦聽吾今為汝解
説八陽之經八者分別也陽者明解也明解大乘无

是色識耳是聲識鼻是香識舌是味識身是觸
識意是分別識含藏識阿賴耶識是名八識明了分
別八識相源空无所有即知兩眼光明天光明天中即現
日月光明世尊兩耳聲聞天聲聞天中即現无量聲如
來兩鼻是佛香天佛香天中即現香積如來口舌是
法味天法味天中即現法喜如來身是盧舍那天盧
舍那天中即現成就盧舍那佛盧舍那鏡像佛盧舍
那光明佛意是无分別天无分別天中即現不動如來大
光明佛心是法界天中即現空王如來含藏識天演出
阿那含經大涅槃經阿賴耶識天演出大智度論經
瑜伽論經善男子佛即是法法即是佛合為一相即
現大通智勝如來佛說此經時一切天地六種震動
光照天地无有邊際浩浩蕩蕩而无所名一切幽冥
皆悉明朗一切地獄並皆消滅一切罪人俱得離苦
皆發无上菩提心
尒時衆中有八万八千菩薩一時成佛号曰虛空藏

皆發无上菩提心
尒時衆中有八万八千菩薩一時成佛号曰虚空藏
如来應正等覺劫名圓蒲國号无邊一切人民无
有彼此並證无諍三昧六万六千比丘比丘尼優婆塞
優婆夷得大揔持入不二法門无數天龍夜叉乾闥婆阿脩羅迦
樓羅緊那羅摩睺羅伽人非人等得法眼淨行
菩薩道
復次善男子若復有人得官登位之日及新入宅之
日即讀此經三遍甚大吉利獲福无量善男子
若讀此經一遍者如讀一切經一遍能寫一卷者如寫
一切經一部其功德不可稱不可量无有邊際如斯人
等即成聖道
復次无邊身菩薩摩訶薩若有衆生不信正法
常生邪見忽聞此經即生誹謗言非佛説是人世現得

义遍身穿穴五藏融銅灌口筋骨爛壞一日一夜
万死万生受大苦痛无有休息謗斯経故獲罪如
是佛爲罪人而説偈言
身是自然身　五體自然體　長乃自然長　老乃自然老
生則自然生　死則自然死　求長不得長　求短不得短
苦樂汝自當　邪正由汝己　欲作有爲功　讀經莫問師
千千万万代　得道轉法輪
佛説此経一切聽衆得未曾有心明意浄歡喜踊躍皆
見諸相非相入佛知見悟佛知見无入无悟无知无見不
得一法即涅槃

佛説八陽神呪経一卷

佛說八陽神呪經一巻

癸未年八月廿四日吳犬奴自手書記之耳

BD00211 妙法蓮華經卷三

（後秦）鳩摩羅什 譯

259.5cm × 25.6cm

六入滅則觸滅觸滅則受滅受則愛滅愛滅
則取滅取滅則有滅有滅則生滅生滅則老
死憂悲苦惱滅佛於天人大衆之中説是
法時六百万億那由他人以不受一切法故而
於諸漏心得解脱皆得深妙禪定三明六通
具八解脱第二第三第四説法時千万億恒
河沙那由他等衆生亦以不受一切法故而於
諸漏心得解脱從是已後諸聲聞衆无量
无邊不可稱數尒時十六王子皆以童子出
家而爲沙弥諸根通利智慧明了已曾供
養百千万億諸佛淨修梵行求阿耨多羅三
藐三菩提俱白佛言世尊是諸无量千万億
大德聲聞皆已成就世尊亦當爲我等説阿

知尒時轉輪聖王所將衆中八万億人見十六
王子出家亦求出家王即聽許尒時彼佛
受沙弥請過二万劫已乃於四衆之中說是大
乘經名妙法蓮華教菩薩法佛所護念說
是經已十六沙弥為阿耨多羅三藐三菩提故
皆共受持諷誦通利說是經時十六菩薩沙
弥皆悉信受聲聞衆中亦有信解其餘衆
生千万億種皆生疑惑佛說是經於八千劫
未曾休廢說此經已即入靜室住於禪定八万
四千劫是時十六菩薩沙弥知佛入室寂
然禪定各昇法坐亦於八万四千劫為四部衆
廣說分別妙法華經一一皆度六百万億那
由他恒河沙等衆生示教利喜令發阿耨多
羅三藐三菩提心大通智勝佛過八万四千劫

羅三藐三菩提心大通智勝佛過八万四千劫
劫已從三昧起往詣法坐安詳而坐普告大
衆是十六菩薩沙弥甚為希有諸根通利智
慧明了已曾供養无量千万億數諸佛於諸佛
所常修梵行受持佛智開示衆生令入其
中汝當等皆當數數親近而供養之所以者何
若聲聞辟支佛及諸菩薩能信是十六菩薩
所說經法受持不毀者是人皆當得阿耨多
羅三藐三菩提如來之慧佛告諸比丘是十六
菩薩常樂說是妙法蓮華經一一菩薩所
化六百万億那由他恒河沙等衆生世世所
生與菩薩俱從其聞法悉皆信解以此因緣
得值四万億諸佛世尊于今不盡諸比丘我今
語汝彼佛弟子十六沙弥今皆得阿耨多羅三藐

東方作佛一名阿閦在歡喜國二名須彌頂
東南方二佛一名師子音二名師子相南方
二佛一名虛空住一名常滅西南方二佛一
名帝相二名梵相西方二佛一名阿彌陀二
名度一切世間苦惱西北方二佛一名多摩
羅跋栴檀香神通二名須彌相北方二佛一
名雲自在二名雲自在王東北方佛名壞一
切世間怖畏第十六我釋迦牟尼佛於娑婆國
土成阿耨多羅三藐三菩提諸比丘我等為
沙彌時各各教化无量百千万億恒河沙
等眾生從我聞法為阿耨多羅三藐三菩提
此諸眾生于今有住聲聞地者我常教化阿
耨多羅三藐三菩提是諸人等應以是法漸
入佛道所以者何如來智慧難信難解爾

入佛道所以者何如來智慧難信難解尒
時所化无量恒河沙等衆生者汝等諸比丘
及我滅度後未來世中聲聞弟子是也我滅
度後復有弟子不聞是經不知不覺菩薩
所行自於所得功德生滅度想當入涅槃我於餘
國作佛更有異名是人雖生滅度之想入於
涅槃而於彼土求佛智慧得聞是經唯以
佛乘而得滅度更无餘乘除諸如來方便說
法諸比丘若如來自知涅槃時到衆又清淨
信解堅固了達空法深入禪定便集諸菩薩
及聲聞衆為說是經世間无有二乘而得滅
度唯一佛乘得滅度耳比丘當知如來方便
深入衆生之性知其志樂小法深著五欲為是等
故說於涅槃是人若聞則便信受譬如五百

善知險道通塞之相將導眾人欲過此難所
將人眾中路懈退白導師言我等疲極而復
怖畏不能復進前路猶遠今欲退還導師
多諸方便而作是念此等可愍云何捨大珍寶
而欲退還作是念已以方便力於險道中
過三百由旬化作一城告眾人言汝等勿怖莫
復退還今是大城可於中止隨意所作若入
是城快得安隱若能前至寶所亦可得去
是時疲極之眾心大歡喜歎未曾有我等今
者免斯惡道快得安隱於是眾人前入化城
生已度想生安隱想尒時導師知此人眾既
得止息无有疲惓即滅化城語眾人言汝等
去来寶處在近向者大城我所化作為止息
耳諸比丘如來亦復如是今為汝等作大導師

去来寶處在近向者大城我所化作為止息
耳諸比丘如来亦復如是今為汝等作大導師
知諸生死煩惱惡道險難長遠應去應
度若衆生但聞一佛乘者則不欲見佛不欲
親近便作是念佛道長遠久受懃苦乃可得
成佛知是心怯弱下劣以方便力而於中道
為止息故說二涅槃若衆生住於二地如来尒
時即便為說汝等所作未辦汝所住地近於
佛慧當觀察籌量所得涅槃非真實也但
是如来方便之力於一佛乘分別說三如彼導
師為止息故化作大城既知息已而告之言寶
處在近此城非實我化作耳尒時世尊欲重
宣此義而說偈言
大通智勝佛　十劫坐道場　佛法不現前　不得成佛道

過十小劫已　乃得成佛道　諸天及世人　心皆懷踊躍
彼佛十六子　皆與其眷屬　千万億圍遶　俱行至佛所
頭面礼佛足　而請轉法輪　聖師子法雨　充我及一切
世尊甚難值　久遠時一現　為覺悟群生　震動於一切
東方諸世界　五百万億國　梵宮殿光曜　昔所未曾有
諸梵見此相　尋來至佛所　散華以供養　并奉上宮殿
請佛轉法輪　以偈而讚歎　佛知時未至　受請默然坐
三方及四維　上下亦復然　散華奉宮殿　請佛轉法輪
世尊甚難值　願以大慈悲　廣開甘露門　轉无上法輪
无量慧世尊　受彼眾人請　為宣種種法　四諦十二緣
无明至老死　皆從生緣有　如是眾過患　汝等應當知
宣暢是法時　六百万億姟　得盡諸苦際　皆成阿羅漢
從是後得道　其數无有量　万億劫算數　不能得其邊
時十六王子　出家作沙弥　皆共請彼佛　演說大乘經

從是後得道 其數無有量 萬億劫筭數 不能得其邊
時十六王子 出家作沙弥 皆共請彼佛 演說大乘經
我等及營從 皆當成佛道 願得如世尊 慧眼第一淨
佛知童子心 宿世之所行 以无量因緣 種種諸譬喻
說六波羅蜜 及諸神通事 分別真實法 菩薩所行道
說是法華經 如恒河沙偈 彼佛說經已 靜室入禪定
一心一處坐 八万四千劫 是諸沙弥等 知佛禪未出
為无量億衆 佛說无上慧 各各坐法座 說是大乘經
於佛宴寂後 宣揚助佛化 一一沙弥等 所度諸衆生
有六百万億 恒河沙等衆 彼佛滅度後 是諸聞法者
在在諸佛土 常與師具生 是十六沙弥 具足行佛道
今見在十方 各得成正覺 尒時聞法者 各在諸佛所
其有住聲聞 漸教以佛道 我在十六數 曾亦為汝說
是故以方便 引汝趣佛慧 以是本因緣 今說法華經
令汝入佛道 慎勿懷驚懼 譬如險惡道 迥絕多毒獸

明了心決定　在險濟眾難　眾人皆疲惓　而白導師言
我等今頓乏　於此欲退還　導師作是念　此輩甚可愍
如何欲退還　而失大珍寶　尋時思方便　當設神通力
化作大城郭　莊嚴諸舍宅　周匝有園林　渠流及浴池
重門高樓閣　男女皆充滿　即作是化已　慰眾言勿懼
汝等入此城　各可隨所樂　諸人既入城　心皆大歡喜
皆生安隱想　自謂已得度　導師知息已　集眾而告言
汝等當前進　此是化城耳　我見汝疲極　中道欲退還
故以方便力　權化作此城　汝今勤精進　當共至寶所
我亦復如是　為一切導師　見諸求道者　中路而懈廢
不能度生死　煩惱諸險道　故以方便力　為息說涅槃
言汝等苦滅　所作皆已辦　既知到涅槃　皆得阿羅漢
爾乃集大眾　為說真實法　諸佛方便力　分別說三乘
唯有一佛乘　息處故說二　今為汝說實　汝所得非滅

唯有一佛乘　息處故說二　今為汝說實　汝所得非滅
為佛一切智　當發大精進　汝證一切智　十力等佛法
具三十二相　乃是真實滅　諸佛之導師　為息說涅槃
既知是息已　引入於佛慧

妙法蓮華經卷第三

BD00212 無量壽宗要經（甲本）

355.5cm × 25.5cm

阿□紇□

阿喻紇硯娜三

怛他羯他耶六　怛姪他

唵□□□迦囉七　鉢唎輸底八　達磨底九

伽迦娜十　莎訶其特迦底十一　莎婆婆毗輸底十二

摩訶娜耶十三　波唎婆唎莎訶十四

世尊復告曼殊室利如是如來一百八名号若有

自書或使人書爲經卷受持讀誦如壽命盡

復滿百年壽終此身後得往生无量福智

世界無量壽淨土陁羅尼日

南謨薄伽勃底一　阿波唎蜜哆二　阿喻紇硯娜三

須毗你斯猶陁四　囉佐耶五　怛他羯他耶六　怛姪他

摩訶娜耶十四　波唎婆嚫娑訶十五
尒時有九十九姟佛等一時同聲說是无量壽
宗要經陁羅尼曰
南謨薄伽勃底一　阿波唎蜜哆二　阿喻紇硯娜三
須毗你悉指陁四　囉佐耶五　怛他羯他耶六　怛姪他
唵七　薩婆桒悉迦囉八　鉢唎輸底九　達磨底十
伽迦娜十一　莎訶其特迦底十二　莎婆婆毗輸底十三
摩訶娜耶十四　波唎婆唎莎訶十五
尒時復有一百四姟佛一時同聲說是无量壽
宗要經陁羅尼曰
南謨薄伽勃底一　阿波唎蜜哆二　阿喻紇硯娜三
須毗你悉指陁四　囉佐耶五　怛他羯他耶六　怛姪他
唵七　薩婆桒悉迦囉八　波唎輸底九　達磨底

BD00212　無量壽宗要經（甲本）

須毗你恚指陁四囉佐耶五怛他羯他耶六怛姪他
唵七薩婆桒恚迦囉八波唎輸底九達磨底
十伽迦娜十一莎訶某特迦底十二薩婆婆毗輸
底十三摩訶娜耶十四波唎婆灑𪏭莎訶十五
尒時復有七殑佛一時同聲說是无量壽宗
要經陁羅尼曰
南謨薄伽勃底一向波唎蜜哆二向喻紇硯娜三
須毗你恚指陁四囉佐耶五怛他羯他耶六怛姪他
唵七薩婆桒恚迦囉八波唎輸底九達磨底十
伽迦娜十一莎訶某特迦底十二薩婆婆毗輸底十三
摩訶娜耶十四波唎婆灑𪏭莎訶十五
尒時復有六十五殑佛一時同聲說是无量壽
宗要經陁羅尼曰　南謨薄伽勃底一向波唎

波唎輸底九 達磨底十 伽迦娜十一 莎訶其特迦
底十二 莎婆婆毗輸底十三 摩訶娜耶十四 波唎婆
囉嚫莎訶十五 尒時復有五十五姟佛一時同聲
說是无量壽宗要經陁羅尼曰
南謨薄伽勃底一 向波唎蜜哆二 向喻紞硯娜三
須毗你恙栺陁四 囉佐耶五 怛他羯他耶六 怛姪他
唵七 薩婆桑恙迦囉八 波利輸底十 伽迦娜十一 莎
訶其特迦底十二 薩婆婆毗輸底十三 摩訶娜耶十四
波唎婆囉嚫莎訶十五
尒時復有四十五姟佛一時同聲說是无量壽
宗要經陁羅尼曰 南謨薄伽勃底一 向波唎蜜
哆二 向喻紞硯娜三 須毗你恙栺陁四 囉佐耶五 怛他
羯他耶六 怛姪他 唵七 薩婆桑恙迦囉八 波唎輸底

BD00212　無量壽宗要經（甲本）

哆 阿喻紇硯娜 須毗你悉指陁 囉佐耶 怛他
羯他耶六 怛姪他 唵七 薩婆桒悉迦囉八 波唎輸底
九 達摩底十 伽迦娜十一 莎訶其特迦底十二 薩婆
婆毗輸底十三 摩訶娜耶十四 波唎婆囇莎訶十五
尒時復有三十六姟佛一時同聲說是无量壽
宗要經陁羅尼曰 南謨薄伽勃底一 阿波囉蜜
哆二 阿喻紇硯娜三 須毗你悉指陁四 囉佐耶五 怛他羯
他耶六 怛姪他 唵七 薩婆桒悉迦囉八 波唎輸底九
達磨底十 伽迦娜十一 莎訶其特迦底十二 莎婆婆
毗輸底十三 摩訶娜耶十四 波唎婆囇莎訶十五
尒時復有二十五姟佛一時同聲說是无量壽宗
要經陁羅尼曰 南謨薄伽勃底一 阿波唎蜜
哆二 阿喻紇硯娜三 須毗你悉指陁四 囉佐耶五 怛他

薩婆婆毗輸底十三摩訶娜耶十四波唎婆囉莎訶十五
尒時復有恒河沙姟佛一時同聲說是无量壽
宗要經陁羅尼曰　南謨薄伽勃底一阿波唎蜜
哆二阿喻紇硯娜三須毗你悉指陁四囉佐耶五怛他羯
他耶六怛姪他　唵七薩婆桒悉迦囉八波唎輸底九
達磨底十　伽迦娜十一莎訶某特底十二薩婆婆
毗輸底十三摩訶娜耶十四波唎婆囉莎訶十五
善男子若有自書寫教人書寫是无量壽宗
要經如其命盡復得長壽而滿百年陁羅尼曰
南謨薄伽勃底一阿波唎蜜哆二阿喻紇硯娜三須毗
你悉指陁四囉佐耶五怛他羯他耶六怛姪他唵七薩
婆桒悉迦囉八波唎輸底九達磨底十伽迦娜十一
莎訶某迦底十二薩婆婆毗輸底十三摩訶娜耶十四

BD00212　無量壽宗要經（甲本）

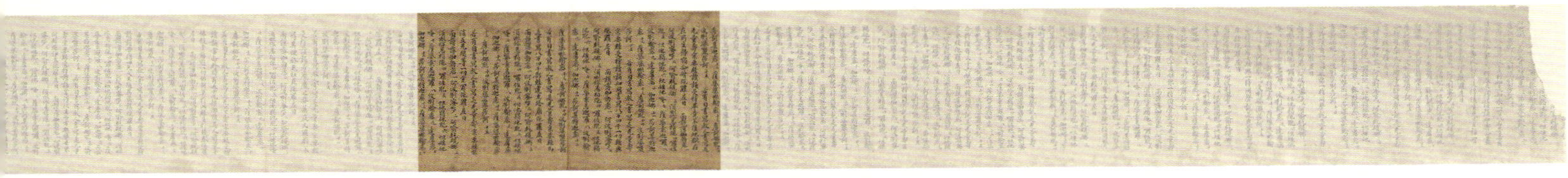

莎訶某迦底十二　薩婆婆毗輸底十三　摩訶娜耶十四
波唎婆嚟莎訶十五　若有自書寫教人書寫是
无量壽宗要經讀誦受持畢竟不墮地獄在
在所生得宿命智陁羅尼曰　南謨薄伽勃底一
阿波唎蜜哆二　阿喻紇硯娜三　須毗你悉指陁四　囉佐
耶五　怛他羯他耶六　怛姪他　唵七　薩婆桑悉迦囉八
波唎輸底九　達磨底十　伽迦娜十一　莎訶某持迦
底十二　薩婆婆毗輸底十三　摩訶娜耶十四　波唎婆嚟
莎訶十五　若有自書寫教人書寫是无量壽
宗要經受持讀誦如同書寫八万四千一切經典
陁羅尼曰　南謨薄伽勃底一　阿波唎蜜哆二
阿喻紇硯娜三　須毗你悉指陁四　囉佐耶五　怛他羯
他耶六　怛姪他　唵七　薩婆桑悉迦囉八　波唎輸

若有自書寫教人書寫是无量壽宗要經即
是書寫八万四千部經建立塔廟陁羅尼曰
南謨薄伽勃底一 阿波唎蜜哆二 阿喻紇硯娜三
須毗你恚栺陁四 囉佐耶五 怛他羯他耶六 怛姪他
唵七 薩婆桒恚迦囉八 波唎輸底九 達磨底
十 伽迦娜十一 莎訶其特迦底十二 薩婆婆毗輸底
十三 摩訶娜耶十四 波唎婆囇莎訶 十五
若有自書寫教人書寫是无量壽宗要經能
消五无間等一切重罪陁羅尼曰
南謨薄伽勃底一 阿波唎蜜哆二 阿喻紇硯娜三
須毗你恚栺陁四 囉佐耶五 怛他羯他耶六 怛姪他
唵七 薩婆桒恚迦囉八 波唎輸底九 達磨底十
伽迦娜 十一 莎訶其特迦底十二 薩婆婆毗輸底十三

伽迦娜十一莎訶其特迦底十二薩婆婆毗輸底十三
摩訶娜耶十四波唎婆囉縻莎訶十五
若有自書寫教人書寫是无量壽宗要經
受持讀誦設有重罪猶如須弥盡能除滅
陁羅尼曰　南謨薄伽勃底一向波唎蜜哆
二向喻紇硯娜三須毗你恚栺陁四囉佐耶五
怛他羯他耶六怛姪他唵七薩婆婆桒恚迦囉八
波唎輸底九達磨底十伽迦娜十一莎訶其特
迦底十二薩婆婆毗輸底十三摩訶娜耶十四
波唎婆囉縻莎訶十五
若有自書寫教人書寫是无量壽宗要經
受持讀誦若魔魔之眷屬夜叉羅刹不
得其便終无枉死陁羅尼曰

七　薩婆桒悉迦囉八　波唎輸底九　達磨底十
伽迦娜十一　莎訶某特迦底十二　薩婆婆毗輸底十三
摩訶娜耶十四　波唎婆囇𠰒莎訶十五
若有自書教人書寫是无量壽宗要經受持
讀誦當命終時有九十九姟佛現其人前豢千
佛授手能遊一切佛刹莫於此經生於疑惑陁羅
尼日　南謨薄伽勃底一　阿波唎蜜哆二　阿喻紇硯
娜三　須毗你悉指陁四　囉佐耶五　怛他羯他耶六　怛姪他
唵七　薩婆桒悉迦囉八　波唎輸底九　達磨底十
伽迦娜十一　莎訶某特迦底十二　薩婆婆毗輸底十三
摩訶娜耶十四　波唎婆囇𠰒莎訶十五
若有自書寫教人書寫是无量壽宗要經受持
讀誦常得四天大王隨其衛護陁羅尼日

讀誦常得四天大王隨其衛護陁羅尼曰
南謨薄伽勃底一 阿波唎蜜哆二 阿喻紇硯娜三 須毗
你恙栺陁四 囉佐耶五 怛他羯他耶六 怛姪他 唵七 薩
婆桑恙迦囉八 波唎輸底九 達磨底十 伽迦娜十一 莎訶
其特迦底十二 薩婆婆毗輸底十三 摩訶娜耶十四 波唎
婆囉瀌莎訶十五 若有自書寫教人書寫是无量
壽宗要經受持讀誦當得往生西方極樂世界
阿弥陁淨土陁羅尼曰 南謨薄伽勃底一 阿波唎
蜜哆二 阿喻紇硯娜三 須毗你恙栺陁四 囉佐耶五
怛他羯他耶六 怛姪他 唵七 薩婆桑恙迦囉八 波唎
輸底九 達磨底十 伽迦娜十一 莎訶其特迦底十二
薩婆婆毗輸底十三 摩訶娜耶十四 波唎婆囉瀌莎訶
若有方所自書寫使人書寫是无量壽經典之

陁羅尼曰　南謨薄伽勃底一　阿波唎蜜哆二
阿喻紇硯娜三　須毗你恙指陁四　囉佐耶五　怛他羯
他耶六　怛姪他　唵七　薩婆桒迦囉八　波唎輸底
九　達磨底十　伽迦娜十一　莎訶其特迦底十二　薩
婆婆毗輸底十三　摩訶娜耶十四　波唎婆瓕莎訶
若有於是无量壽經自書寫若使人書畢竟
不受女人之身陁羅尼曰　南謨薄伽勃底一
阿波唎蜜哆二　阿喻紇硯娜三　須毗你恙指陁四
囉佐耶五　怛他羯他耶六　怛姪他　唵七　薩婆桒
恙迦囉八　波唎輸底九　達磨底十　伽迦娜十一
莎訶其特迦底十二　薩婆婆毗輸底十三　摩訶娜
耶十四　波唎婆唎莎訶十五　若有能於是經少分
[illegible]惠施者等於三千大千世界滿中七寶布施

BD00212　無量壽宗要經（甲本）

耶十四 波唎婆唎莎訶十五 若有能於是經少分
能惠施者等於三千大千世界滿中七寶布施
陁羅尼曰 南謨薄伽勃底一 阿波唎蜜哆二
阿喻紇硯娜三 須毗你志指陁四 囉佐耶五 怛他羯
他耶六 怛姪他 唵七 薩婆桑悉迦囉八 波唎輸底
九 達磨底十 伽迦娜十一 莎訶某特迦底十二 莎婆
婆毗輸底十三 摩訶娜耶十四 波唎婆嚟莎訶十五
若有能供養是經者則是供養一切諸經等无
有異陁羅尼曰 南謨薄伽勃底一 阿波唎蜜哆二
阿喻紇硯娜三 須毗你志指陁四 囉佐耶五 怛他羯他
耶六 怛姪他 唵七 薩婆桑悉迦囉八 波唎輸底九
達摩底十 伽迦娜十一 莎訶某特迦底十二 薩婆婆
毗輸底十三 摩訶娜耶十四 波唎婆嚟莎訶十五

寶供養如是七佛其福有限書寫受持是无量
壽經典所有功德不可限量陁羅尼曰
南謨薄伽勃底一 阿波唎蜜哆二 阿喻紇硯娜三
須毗係恙栺陁四 囉佐耶五 怛他羯他耶六 怛姪他
唵七 薩婆桒恙迦囉八 波唎輸底九 達磨底十
伽迦娜十一 莎訶其特迦底十二 薩婆婆毗輸底十三
摩訶娜耶十四 波唎婆囇莎訶十五
若有七寶等於須彌以用布施其福上能知其
限量是无量壽經典其福不可知數陁羅尼曰
南謨薄伽勃底一 阿波唎蜜哆二 阿喻紇硯娜三
須毗係恙栺陁四 囉佐耶五 怛他羯他耶六 怛姪他唵
七 薩婆桒恙迦囉八 波唎輸底九 達磨底十 伽迦
娜十一 莎訶其特迦底十二 薩婆婆毗輸底十三

娜十一　莎訶某特迦底十二　薩婆婆毗輸底十三
摩訶娜耶十四　波利婆嚩莎訶
如是四大海水可知滴數是无量壽經典所生果
報不可數量陁羅尼日　南謨薄伽勃底一
阿波唎蜜哆二　阿喻紇硯娜三　須毗你悉指陁五　怛他
羯他耶六　怛姪他　唵七　薩婆桒悉迦囉八　波唎輸
底九　達磨底十　伽迦娜十一　莎訶某特迦底十三
薩婆婆毗輸底十三　摩訶娜耶十四　波唎婆嚩莎訶
若有自書使人書寫是无量壽經典又能讓持
供養即如恭敬供養一切十方佛土如来无有別
異陁羅尼日　南謨薄伽勃底一　阿波唎蜜哆二
阿喻紇硯娜三　須毗你悉指陁四　囉佐耶五　怛他羯
他耶六　怛姪他　唵七　薩婆桒迦囉八　波唎輸底

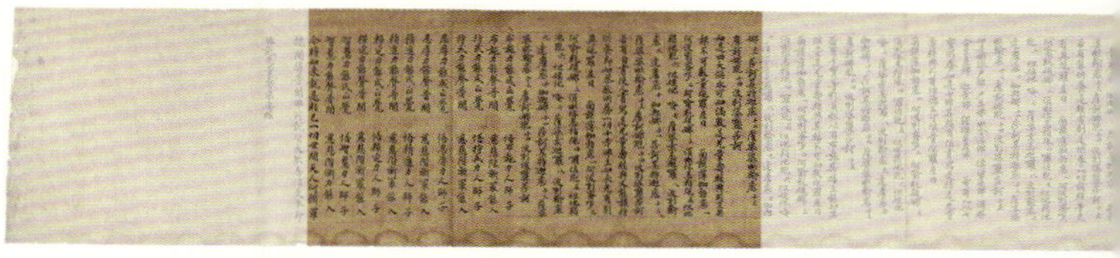

布施力能成正覺　悟布施力人師子
布施力能聲普聞　慈悲階漸最能入
持戒力能成正覺　悟持戒力人師子
持戒力能聲普聞　慈悲階漸最能入
忍辱力能成正覺　悟忍辱力人師子
忍辱力能聲普聞　慈悲階漸最能入
精進力能成正覺　悟精進力人師子
精進力能聲普聞　慈悲階漸最能入
禪定力能成正覺　悟禪定力人師子
禪定力能聲普聞　慈悲階漸最能入
智慧力能成正覺　悟智慧力人師子
智慧力能聲普聞　慈悲階漸力能入
尒時如來說是經已一切世間天人阿脩羅

BD00212　無量壽宗要經（甲本）

尒時如來說是經已一切世間天人阿脩羅
揵闥婆等聞佛所說皆大歡喜信受奉行

佛說无量壽宗要經

BD00212　無量壽宗要經（甲本）

BD00213 妙法蓮華經卷五

（後秦）鳩摩羅什 譯

1079.9cm×25.8cm

衆生演說是經文殊師利云何名菩
薩行處若菩薩摩訶薩住忍辱地柔和善順
而不卒暴心亦不驚又復於法无所行而觀諸
法如實相亦不行不分別是名菩薩摩訶薩
行處云何名菩薩摩訶薩親近處菩薩摩訶
薩不親近國王王子大臣官長不親近諸外
道梵志尼揵子等及造世俗文筆讚詠外書
及路伽耶陀逆路伽耶陀者亦不親近諸有
凶戲相扠相撲及那羅等種種變現之戲又
不親近旃陀羅及畜猪羊雞狗田獵魚捕諸
惡律儀如是人等或時來者則為說法无所
悕望又不親近求聲聞比丘比丘尼優婆塞

怖求文殊師利又菩薩摩訶薩不應於女人
身取能生欲想相而為說法亦不樂見若入
他家不與小女處女寡女等共語亦復不近
五種不男之人以為親厚不獨入他家若有
因緣須獨入時但一心念佛若為女人說法
不露齒笑不現胷臆乃至為法猶不親厚況
復餘事不樂畜年少弟子沙彌小兒亦不樂
與同師常好坐禪在於閑處修攝其心文殊
師利是名初親近處復次菩薩摩訶薩觀一
切法空如實相不顛倒不動不退不轉如虛
空无所有性一切語言道斷不生不出不起
无名无相實无所有无量无邊无㝵无鄣但
以因緣有從顛倒生故說常樂觀如是法相

以因緣有從顛倒生故說常樂觀如是法相
是名菩薩摩訶薩第二親近處尒時世尊
欲重宣此義而說偈言
若有菩薩 於後惡世 无怖畏心 欲說是經
應入行處 及親近處 常離國王 及國王子
大臣官長 兇險戲者 及栴陀羅 外道梵志
亦不親近 增上慢人 貪著小乘 三藏學者
破戒比丘 名字羅漢 及比丘尼 好戲咲者
深著五欲 求現滅度 諸優婆夷 皆勿親近
若是人等 以好心來 到菩薩所 為聞佛道
菩薩則以 无所畏心 不懷悕望 而為說法
寡女處女 及諸不男 皆勿親近 以為親厚
亦莫親近 屠兒魁膾 畋獵魚捕 為利殺害

莫獨屏處　爲女說法　若說法時　无得戲咲
入里乞食　將一比丘　若无比丘　一心念佛
是則名爲　行處近處　以此二處　能安樂說
又復不行　上中下法　有爲无爲　實不實法
亦不分別　是男是女　不得諸法　不知不見
是則名爲　菩薩行處　一切諸法　空无所有
无有常住　亦无起滅　是名智者　所親近處
顛倒分別　諸法有无　是實非實　是生非生
在於閑處　脩攝其心　安住不動　如須弥山
觀一切法　皆无所有　猶如虛空　无有堅固
不生不出　不動不退　常住一相　是名近處
若有比丘　於我滅後　入是行處　及親近處
說斯經時　无有怯弱　菩薩有時　入於靜室

說斯經時 无有怯弱 菩薩有時 入於靜室
以正憶念 隨義觀法 從禪定起 爲諸國王
王子臣民 婆羅門等 開化演暢 說斯經典
其心安隱 无有怯弱 文殊師利 是名菩薩
安住初法 能於後世 說法華經
又文殊師利如來滅後於末法中欲說是經
應住安樂行若口宣說若讀經時不樂說人
及經典過亦不輕慢諸餘法師不說他人好
惡長短於聲聞人亦不稱名說其過惡亦不
稱名讚歎其美又亦不生怨嫌之心善脩如
是安樂心故諸有聽者不逆其意有所難問
不以小乘法荅但以大乘而爲解說令得一切
種智尒時世尊欲重宣此義而說偈言

安處法座　隨問爲說　若有比丘　及比丘尼
諸優婆塞　及優婆夷　國王王子　羣臣士民
以微妙義　和顔爲說　若有難問　隨義而荅
因緣譬喻　敷演分別　以是方便　皆使發心
漸漸增益　入於佛道　除嬾惰意　及懈怠想
離諸憂惱　慈心說法　晝夜常說　无上道教
以諸因緣　无量譬喻　開示衆生　咸令歡喜
衣服卧具　飲食醫藥　而於其中　无所悕望
但一心念　說法因緣　願成佛道　令衆亦尒
是則大利　安樂供養　我滅度後　若有比丘
能演說斯　妙法華經　心无嫉恚　諸惱鄣礙
亦无憂愁　及罵詈者　又无怖畏　加刀杖等
亦无擯出　安住忍故　智者如是　善脩其心

亦无擯出　安住忍故　智者如是　善脩其心
能住安樂　如我上說　其人功德　千万億劫
筭數譬喻　說不能盡
又文殊師利菩薩摩訶薩於後末世法欲滅
時受持讀誦斯經典者无懷嫉妬諂誑之心
亦勿輕罵學佛道者求其長短若比丘比丘
尼優婆塞優婆夷求聲聞者求辟支佛者求
菩薩道者无得惱之令其疑悔語其人言汝
等去道甚遠終不能得一切種智所以者何
汝是放逸之人於道懈怠故又亦不應戲論
諸法有所諍競當於一切衆生起大悲想於
諸如來起慈父想於諸菩薩起大師想於十
方諸大菩薩常應深心恭敬禮拜於一切衆

於後末世法欲滅時有成就是第三安樂行
者說是法時无能惱亂得好同學共讀誦是
經亦得大衆而來聽受聽已能持持已能誦
誦已能說說已能書若使人書供養經卷
恭敬尊重讚歎尒時世尊欲重宣此義而
說偈言

若欲說是經　當捨嫉恚慢　諂誑邪偽心　常脩質直行
不輕蔑於人　亦不戲論法　不令他疑悔　云汝不得佛
是佛子說法　常柔和能忍　慈悲於一切　不生懈怠心
十方大菩薩　愍衆故行道　應生恭敬心　是則我大師
於諸佛世尊　生无上父想　破於憍慢心　說法无鄣㝵
第三法如是　智者應守護　一心安樂行　无量衆所敬

又文殊師利菩薩摩訶薩於後末世法欲滅

又文殊師利菩薩摩訶薩於後末世法欲滅
時有持法華經者於在家出家人中生大慈
心於非菩薩人中生大悲心應作是念如是
之人則為大失如来方便隨宜說法不聞不
知不覺不問不信不解其人雖不問不信不
解是經我得阿耨多羅三藐三菩提時隨在
何地以神通力智慧力引之令得住是法中
文殊師利是菩薩摩訶薩於如来滅後有成
就此第四法者說是法時无有過失常為比丘
比丘尼優婆塞優婆夷國王王子大臣人民婆
羅門居士等供養恭敬尊重讚歎虛空
諸天為聽法故亦常隨侍若在聚落城邑空
閑林中有人来欲難問者諸天晝夜常為法

故文殊師利是法華經於无量國中乃至名
字不可得聞何況得見受持讀誦文殊師利
譬如强力轉輪聖王欲以威勢降伏諸國而
諸小王不順其命時轉輪王起種種兵而往
討伐王見兵衆戰有功者即大歡喜隨功賞
賜或與田宅聚落城邑或與衣服嚴身之具
或與種種珎寶金銀瑠璃車𤦲馬瑙珊瑚虎
珀象馬車乘奴婢人民唯髻中明珠不以與
之所以者何獨王頂上有此一珠若以與之王
諸眷屬必大驚恠殊師利如来亦復 如 是
以禪定智慧力得法國土王於三界而諸魔
王不肯順伏如来賢聖諸將與之共戰其有
功者心亦歡喜於四衆中為說諸經令其心

王不肯順伏如来賢聖諸將與之共戰其有
功者心亦歡喜於四衆中為説諸經令其心
悦賜以禪定解脱无漏根力諸法之財又復
賜與涅槃之城言得滅度引導其心令皆歡
喜而不為説是法華經文殊師利如轉輪王
見諸兵衆有大功者心甚歡喜以此難信
之珠久在髻中不妄與人而今與之如来亦
復如是於三界中為大法王以法教化一切衆
生見賢聖軍與五陰魔煩惱魔死魔共戰有
大功勳滅三毒出三界破魔網尒時如来亦
大歡喜此法華經能令衆生至一切智一切
世間多怨難信先所未説而今説之文殊師
利此法華經是諸如来第一之説於諸説中

秘密之藏於諸經中最在其上長夜守護不
妄宣說始於今日乃與汝等而敷演之尒時
世尊欲重宣此義而說偈言
常行忍辱　哀愍一切　乃能演說　佛所讚經
後末世時　持此經者　於家出家　及非菩薩
應生慈悲　斯等不聞　不信是經　則為大失
我得佛道　以諸方便　為說此法　令住其中
譬如強力　轉輪之王　兵戰有功　賞賜諸物
象馬車乘　嚴身之具　及諸田宅　聚落城邑
或與衣服　種種珍寶　奴婢財物　歡喜賜與
如有勇健　能為難事　王解髻中　明珠賜之
如來亦尒　為諸法王　忍辱大力　智慧寶藏
以大慈悲　如法化世　見一切人　受諸苦惱

以大慈悲　如法化世　見一切人　受諸苦惱
欲求解脫　與諸魔戰　為是衆生　說種種法
以大方便　說此諸經　既知衆生　得其力已
末後乃為　說是法華　如王解髻　明珠與之
此經為尊　衆經中上　我常守護　不妄開示
今正是時　為汝等說　我滅度後　求佛道者
欲得安隱　演說斯經　應當親近　如是四法
讀是經者　常无憂惱　又无病痛　顏色鮮白
不生貧窮　卑賤醜陋　衆生樂見　如慕賢聖
天諸童子　以為給使　刀杖不加　毒不能害
若人惡罵　口則閉塞　遊行无畏　如師子王
智慧光明　如日之照　若於夢中　但見妙事
見諸如來　坐師子座　諸比丘衆　圍繞說法

放无量光　照於一切　以梵音聲　演說諸法
佛為四衆　說无上法　見身處中　合掌讚佛
聞法歡喜　而為供養　得陁羅尼　證不退智
佛知其心　深入佛道　即為授記　成最正覺
汝善男子　當於來世　得无量智　佛之大道
國土嚴淨　廣大无比　亦有四衆　合掌聽法
又見自身　在山林中　脩習善法　證諸實相
深入禪定　見十方佛
諸佛身金色　百福相莊嚴　聞法為人說　常有是好夢
又夢作國王　捨宮殿眷屬　及上妙五欲　行詣於道場
在菩提樹下　而處師子座　求道過七日　得諸佛之智
成无上道已　起而轉法輪　為四衆說法　經千万億劫
說无漏妙法　度无量衆生　後當入涅槃　如烟盡燈滅

説无漏妙法　度无量衆生　後當入涅槃　如烟盡燈滅
若後惡世中　説是第一法　是人得大利　如上諸功德

妙法蓮華經從地踊出品第十五

尒時他方國土諸來菩薩摩訶薩過八恒河
沙數於大衆中即起合掌作礼而白佛言世
尊若聽我等於佛滅後在此娑婆世界勤加
精進護持讀誦書寫供養是經典者當於此
土而廣説之尒時佛告諸菩薩摩訶薩衆止
善男子不須汝等護持此經所以者何我娑
婆世界自有六万恒河沙等菩薩摩訶薩一
一菩薩各有六万恒河沙眷屬是諸人等能
於我滅後護持讀誦廣説此經佛説是時娑
婆世界三千大千國土地皆震裂而於其中

此娑婆世界之下此界虚空中住是諸菩薩
聞釋迦牟尼佛所説音聲從下發來一一菩薩
皆是大衆唱導之首各將六万恒河沙眷屬
况將五万四万三万二万一万恒河沙等眷
屬者况復乃至一恒河沙半恒河沙四分之
一乃至千万億那由他分之一况復千万億
那由他眷屬况復億万眷屬况復千万百万
乃至一万况復一千一百乃至一十况復將
五四三二一弟子者况復單己樂遠離行如
是等比无量无邊筭數譬喻所不能知是諸
菩薩從地出已各詣虚空七寶妙塔多寶如
來釋迦牟尼佛所到已向二世尊頭面礼足
乃至諸寶樹下師子座上佛所亦皆作礼右

乃至諸寶樹下師子座上佛所亦皆作礼右
繞三帀合掌恭敬以諸菩薩種種讚法而以
讚歎住在一面欣樂瞻仰於二世尊是諸菩
薩摩訶薩從初踊出以諸菩薩種種讚法而
讚於佛如是時閒經五十小劫是時釋迦牟
尼佛嘿然而坐及諸四衆亦皆嘿然五十小
劫佛神力故令諸大衆謂如半日尒時四衆
亦以佛神力故見諸菩薩遍滿无量百千万
億國土虛空是菩薩衆中有四導師一名
上行二名无邊行三名淨行四名安立行是
四菩薩於其衆中最為上首唱導之師在大
衆前各共合掌觀釋迦牟尼佛而問訊言世尊

世尊安樂　少病少惱　教化衆生　得无疲惓
又諸衆生　受化易不　不令世尊　生疲勞邪
尒時世尊於菩薩大衆中而作是言如是如
是諸善男子如来安樂少病少惱諸衆生等
易可化度无有疲勞所以者何是諸衆生世
世已来常受我化亦於過去諸佛供養尊
重種諸善根此諸衆生始見我身聞我所說
即皆信受入如来慧除先脩習學小乘者如
是之人我令入令得聞是經入於佛慧尒時
諸大菩薩而說偈言
善哉善哉　大雄世尊　諸衆生等　易可化度
能問諸佛　甚深智慧　聞已信行　我等隨喜
於時世尊　讚歎上首諸大菩薩善哉善哉善

能問諸佛　甚深智慧　聞已信行　我等隨喜
於時世尊　讚歎上首諸大菩薩善哉善哉善
男子汝等能於如來發隨喜心尒時弥勒菩
薩及八千恒河沙諸菩薩衆皆作是念我等
從昔已來不見不聞如是大菩薩摩訶薩衆
從地踊出住世尊前合掌供養問訊如來時
弥勒菩薩摩訶薩知八千恒河沙諸菩薩等
心之所念并欲自决所疑合掌向佛以偈問曰
无量千万億　大衆諸菩薩　昔所未曾見　願兩足尊說
是從何所來　以何因緣集　巨身大神通　智慧叵思議
其志念堅固　有大忍辱力　衆生所樂見　爲從何所來
一一諸菩薩　所將諸眷屬　其數无有量　如恒河沙等
或有大菩薩　將六万恒沙　如是諸大衆　一心求佛道

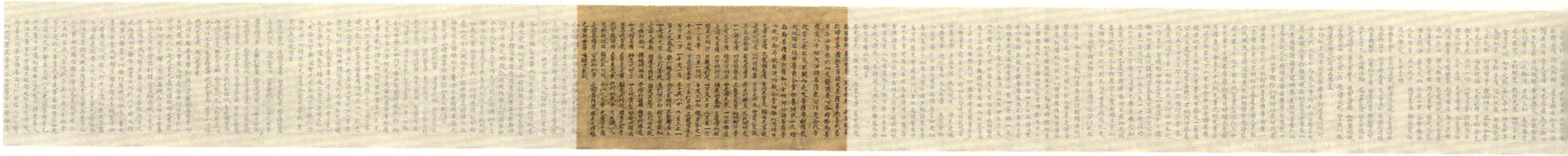

一千一百等　乃至一恒河　半及三四分　億万分之一
千万那由他　万億諸弟子　乃至於半億　其數復過上
百万至一万　一千及一百　五十與一十　乃至三二一
單己无眷屬　樂於獨處者　俱來至佛所　其數轉過上
如是諸大衆　若人行籌數　過於恒沙劫　猶不能盡知
是諸大威德　精進菩薩衆　誰爲其說法　教化而成就
從誰初發心　稱揚何佛法　受持行誰經　修習何佛道
如是諸菩薩　神通大智力　四方地震裂　皆從中踊出
世尊我昔來　未曾見是事　願說其所從　國土之名号
我常遊諸國　未曾見是衆　我於此衆中　乃不識一人
忽然從地出　願說其因緣　今此之大會　无量百千億
是諸菩薩等　皆欲知此事　是諸菩薩衆　本末之因緣
无量德世尊　唯願決衆疑

BD00213　妙法蓮華經卷五

是諸菩薩眾　皆欲知此事　是諸菩薩眾　本末之因緣
无量德世尊　唯願決衆疑
尒時釋迦牟尼佛分身諸佛從无量千万億
他方國土来者在於八方諸寶樹下師子座
上結跏趺坐其佛侍者各各見是菩薩大衆
於三千大千世界四方從地踊出住於虛空
各白其佛言世尊此諸无量无邊阿僧祇菩
薩大衆從何所来尒時諸佛各告侍者諸善
男子且待須臾有菩薩摩訶薩名曰弥勒釋
迦牟尼佛之所授記次後作佛已問斯事佛
今荅之汝等自當因是得聞尒時釋迦牟尼
佛告弥勒菩薩善哉善哉阿逸多乃能問佛
如是大事汝等當共一心披精進鎧發堅固

勢之力尒時世尊欲重宣此義而說偈言
當精進一心　我欲說此事　勿得有疑悔　佛智叵思議
汝今出信力　住於忍善中　昔所未聞法　今皆當得聞
我今安慰汝　勿得懷疑懼　佛无不實語　智慧不可量
所得第一法　甚深叵分別　如是今當說　汝等一心聽
尒時世尊說此偈已告弥勒菩薩我今於此
大衆宣告汝等阿逸多是諸大菩薩摩訶薩
无量无數阿僧祇從地踊出汝等昔所未見
者我於是娑婆世界得阿耨多羅三藐三菩
提已教化示導是諸菩薩調伏其心令發道
意此諸菩薩皆於是娑婆世界之下此界虛
空中住於諸經典讀誦通利思惟分別正憶
念阿逸多是諸善男子等不樂在衆多有所

念阿逸多是諸善男子等不樂在衆多有所
說常樂靜處勤行精進未曾休息亦不依止
人天而住常樂深智无有鄣礙亦常樂於諸
佛之法一心精進求无上慧尒時世尊欲重
宣此義而說偈言

阿逸汝當知　是諸大菩薩　從无數劫來　修習佛智慧
悉是我所化　令發大道心　此等是我子　依止是世界
常行頭陀事　志樂於靜處　捨大衆憒閙　不樂多所說
如是諸子等　學習我道法　晝夜常精進　為求佛道故
在娑婆世界　下方空中住　志念力堅固　常勤求智慧
說種種妙法　其心无所畏　我於伽耶城　菩提樹下坐
得成最正覺　轉无上法輪　尒乃教化之　令初發道心

尒時弥勒菩薩摩訶薩及无數諸菩薩等心
生疑惑恠未曾有而作是念云何世尊於少
時間教化如是无量无邊阿僧祇諸大菩薩
令住阿耨多羅三藐三菩提即白佛言世尊
如來為太子時出於釋宮去伽耶城不遠坐
於道場得成阿耨多羅三藐三菩提從是已
來始過四十餘年世尊云何於此少時大作
佛事以佛勢力以佛功德教化如是无量大
菩薩衆當成阿耨多羅三藐三菩提世尊此
大菩薩衆假使有人於千万億劫數不能盡
不得其邊斯等久遠已來於无量无邊諸佛
所殖諸善根成就菩薩道常脩梵行世尊如
此之事世所難信譬如有人色美髮黑年二

BD00213　妙法蓮華經卷五

所殖諸善根成就菩薩道常脩梵行世尊如
此之事世所難信譬如有人色美髮黑年二
十五指百歲人言是我子其百歲人亦指年
少言是我父生育我等是事難信佛亦如是
得道已来其實未久而此大衆諸菩薩等已
於无量千万億劫為佛道故勤行精進善入
出住无量百千万億三昧得大神通久脩梵
行善能次第習諸善法巧於問荅人中之寶
一切世間甚為希有今日世尊方云得佛道
時初令發心教化示導令向阿耨多羅三藐
三菩提世尊得佛未久乃能作此大功德事
我等雖復信佛隨宜所說佛所出言未曾虛
妄佛所知者皆悉通達然諸新發意菩薩於

世諸善男子聞此事已亦不生疑尒時彌勒
菩薩欲重宣此義而說偈言
佛昔從釋種　出家近伽耶　坐於菩提樹　尒來尚未久
此諸佛子等　其數不可量　久已行佛道　住神通智力
善學菩薩道　不染世間法　如蓮華在水　從地而踊出
皆起恭敬心　住於世尊前　是事難思議　云何而可信
佛得道甚近　所成就甚多　願爲除衆疑　如實分別說
譬如少壯人　年始二十五　示人百歲子　髮白而面皺
是等我所生　子亦說是父　父少而子老　舉世所不信
世尊亦如是　得道來甚近　是諸菩薩等　志固无怯弱
從无量劫來　而行菩薩道　巧於難問荅　其心无所畏
忍辱心決定　端正有威德　十方佛所讚　善能分別說
不樂在人衆　常好在禪定　爲求佛道故　於下空中住

忍辱心決定　端正有威德　十方佛所讚　善能分別說
不樂在人衆　常好在禪定　爲求佛道故　於下空中住
我等從佛聞　於此事无疑　願佛爲未來　演說令開解
若有於此經　生疑不信者　即當墮惡道　願今爲解說
是无量菩薩　云何於少時　教化令發心　而住不退地

妙法蓮華經如來壽量品十六

尒時佛告諸菩薩及一切大衆諸善男子汝等當信解如來誠諦之語復告大衆汝等當信解如來誠諦之語又復告諸大衆汝等當信解如來誠諦之語是時菩薩大衆弥勒爲首合掌白佛言世尊唯願說之我等當信受佛語如是三白已復言唯願說之我等當信受佛語尒時世尊知諸菩薩三請不止而告

氏宮去伽耶城不遠坐於道場得阿耨多羅
三藐三菩提然善男子我實成佛已來无量
无邊百千万億那由他劫辟如五百千万億
那由他阿僧祇三千大千世界假使有人末
為微塵過於東方五百万億那由他阿僧
祇國乃下一塵如是東行盡是微塵諸善男
子於意云何是諸世界可得思惟挍計知其
數不彌勒菩薩等俱白佛言世尊是諸世界
无量无邊非筭數所知亦非心力所及一切
聲聞辟支佛以无漏智不能思惟知其限數
我等住阿惟越致地於是事中亦所不達世
尊如是諸世界无量无邊尒時佛告大菩薩
衆諸善男子今當分明宣語汝等是諸世界

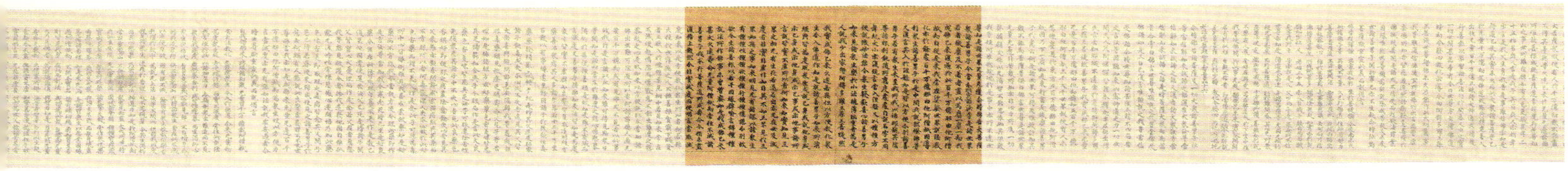

尊如是諸世界无量无邊尒時佛告大菩薩
衆諸善男子今當分明宣語汝等是諸世界
若着微塵及不着者盡以為塵一塵一劫我
成佛已来復過於此百千万億那由他阿僧
祇劫自從是来我常在娑婆世界說法教
化亦於餘處百千万億那由他阿僧祇國導
利衆生諸善男子於是中間我說然燈佛等
又復言其入於涅槃如是皆以方便分別諸善
男子若有衆生来至我所我以佛眼觀其信
等諸根利鈍隨所應度處處自說名字不同
年紀大小亦復現言當入涅槃又以種種方
便說微妙法能令衆生發歡喜心諸善男子
如来見諸衆生樂於小法德薄垢重者為是
人說我少出家得阿耨多羅三藐三菩提然

生令入佛道作如是說諸善男子如來所演
經典皆為度脫衆生或說己身或說他身或
示己身或示他身或示己事或示他事諸所
言說皆實不虛所以者何如來如實知見三
界之相无有生死若退若出亦无在世及滅
度者非實非虛非如非異不如三界見於三
界如斯之事如來明見无有錯謬以諸衆生
有種種性種種欲種種行種種憶想分別故
欲令生諸善根以若干因緣譬喻言辭種種
說法所作佛事未曾暫廢如是我成佛已來
甚大久遠壽命无量阿僧祇劫常住不滅諸
善男子我本行菩薩道所成壽命今猶未盡
復倍上數然今非實滅度而便唱言當取滅

復倍上數然今非實滅度而便唱言當取滅
度如來以是方便教化衆生所以者何若佛
久住於世薄德之人不種善根貧窮下賤貪
著五欲入於憶想妄見網中若見如來常在
不滅便起憍恣而懷猒怠不能生難遭之想
恭敬之心是故如來以方便說比丘當知諸
佛出世難可值遇所以者何諸薄德人過无
量百千万億劫或有見佛或不見者以此事
故我作是言諸比丘如來難可得見斯衆生
等聞如是語必當生於難遭之想心懷戀慕
渴仰於佛便種善根是故如來雖不實滅而
言滅度又善男子諸佛如來法皆如是爲度
衆生皆實不虛譬如良醫智慧聰達明練方

藥藥發悶亂宛轉于地是時其父還來歸家
諸子飲毒或失本心或不失者遥見其父皆
大歡喜拜跪問訊善安隱歸我等愚癡誤
服毒藥願見救療更賜壽命父見子等苦
惱如是依諸經方求好藥草色香美味皆悉
具足擣簁和合與子令服而作是言此大良
藥色香美味皆悉具足汝等可服速除苦惱
无復衆患其諸子中不失心者見此良藥色
香俱好即便服之病盡除愈餘失心者見其
父來雖亦歡喜問訊求索治病然與其藥而
不肯服所以者何毒氣深入失本心故於此好
色香藥而謂不美父作是念此子可愍為毒
所中心皆顛倒雖見我喜求索救療如是好

色香藥而謂不美父作是念此子可愍爲毒
所中心皆顛倒雖見我喜求索救療如是好
藥而不肯服我今當設方便令服此藥即作
是言汝等當知我今衰老死時已至是好良
藥今留在此汝可取服勿憂不差作是教已
復至他國遣使還告汝父已死是時諸子聞
父背喪心大憂惱而作是念若父在者慈愍
我等能見救護今者捨我遠喪他國自惟孤
露无復恃怙常懷悲感心遂醒悟乃知此藥
色味香美即取服之毒病皆愈其父聞子
悉已得差尋便来歸咸使見之諸善男子於
意云何頗有人能說此良醫虛妄罪不不也世
尊佛言我亦如是成佛来无量无邊百千

時世尊欲重宣此義而說偈言

自我得佛來　所經諸劫數　无量百千万　億載阿僧祇

常說法教化　无數億衆生　令入於佛道　尒來无量劫

爲度衆生故　方便現涅槃　而實不滅度　常住此說法

我常住於此　以諸神通力　令顛倒衆生　雖近而不見

衆見我滅度　廣供養舍利　咸皆懷戀慕　而生渴仰心

衆生既信伏　質直意柔軟　一心欲見佛　不自惜身命

時我及衆僧　俱出靈鷲山　我時語衆生　常在此不滅

以方便力故　現有滅不滅　餘國有衆生　恭敬信樂者

我復於彼中　爲說无上法　汝等不聞此　但謂我滅度

我見諸衆生　没在於苦惱　故不爲現身　令其生渴仰

因其心戀慕　乃出爲說法　神通力如是　於阿僧祇劫

因其心戀慕　乃出為說法　神通力如是　於阿僧祇劫
常在靈鷲山　及餘諸住處　衆生見劫盡　大火所燒時
我此土安隱　天人常充滿　園林諸堂閣　種種寶莊嚴
寶樹多華菓　衆生所遊樂　諸天擊天鼓　常作衆伎樂
雨曼陁羅華　散佛及大衆　我淨土不毀　而衆見燒盡
憂怖諸苦惱　如是悉充滿　是諸罪衆生　以惡業因緣
過阿僧祇劫　不聞三寶名　諸有脩功德　柔和質直者
則皆見我身　在此而說法　或時為此衆　說佛壽无量
久乃見佛者　為說佛難值　我智力如是　慧光照无量
壽命无數劫　久脩業所得　汝等有智者　勿於此生疑
當斷令永盡　佛語實不虛　如醫善方便　為治狂子故
實在而言死　无能說虛妄　我亦為世父　救諸苦患者
為凡夫顛倒　實在而言滅　以常見我故　而生憍恣心

得入无上道　速成就佛身

妙法蓮華經分別功德品第十七

尒時大會聞佛說壽命劫數長遠如是无量
无邊阿僧祇衆生得大饒益於時世尊告弥
勒菩薩摩訶薩阿逸多我說是如來壽命長
遠時六百八十万億那由他恒河沙衆生得
无生法忍復有千倍菩薩摩訶薩得聞持陁
羅尼門復有一世界微塵數菩薩摩訶薩得
樂說无礙辯才復有一世界微塵數菩薩摩
訶薩得百千万億无量旋陁羅尼有三千
大千世界微塵數菩薩摩訶薩能轉不退法輪
復有二千中國土微塵數菩薩摩訶薩能轉
清淨法輪復有小千國土微塵數菩薩摩訶

清淨法輪復有小千國土微塵數菩薩摩訶
薩八生當得阿耨多羅三藐三菩提復有四四
天下微塵數菩薩摩訶薩四生當得阿耨多
羅三藐三菩提復有三四天下微塵數菩薩
摩訶薩三生當得阿耨多羅三藐三菩提復
有二四天下微塵數菩薩摩訶薩二生當得
阿耨多羅三藐三菩提復有一四天下微塵
數菩薩摩訶薩一生當得阿耨多羅三藐三
菩提復有八世界微塵數衆生皆發阿耨多
羅三藐三菩提心佛說是諸菩薩摩訶薩得
大法利時於虛空中雨曼陀羅華摩訶曼陀
羅華以散无量百千万億寶樹下師子座上
諸佛并散七寶塔中師子座上釋迦牟尼佛

天鼓自鳴妙聲深遠又雨千種天衣垂諸纓
絡真珠纓絡摩尼珠纓珞如意珠瓔珞遍於
九方衆寶香爐燒无價香自然周至供養大
會一一佛上有諸菩薩執持幡蓋次第而上
至于梵天是諸菩薩以妙音聲歌无量頌讚
歎諸佛尒時彌勒菩薩從座而起偏袒右肩
合掌向佛而說偈言
佛說希有法　昔所未曾聞　世尊有大力　壽命不可量
无數諸佛子　聞世尊分別　說得法利者　歡喜充遍身
或住不退地　或得陁羅尼　或无礙樂說　万億旋摠持
或有大千界　微塵數菩薩　各各皆能轉　不退之法輪
或有中千界　微塵數菩薩　各各皆能轉　清淨之法輪

BD00213　妙法蓮華經卷五

或有中千界　微塵數菩薩　各各得能轉　清淨之法輪
復有小千界　微塵數菩薩　餘各八生在　當得成佛道
復有四三二　如是四天下　微塵諸菩薩　隨數生成佛
或一四天下　微塵數菩薩　餘有一生在　當成一切智
如是等衆生　聞佛壽長遠　得无量无漏　清淨之果報
復有八世界　微塵數衆生　聞佛說壽命　皆發无上心
世尊說无量　不可思議法　多有所饒益　如虛空无邊
雨天曼陀羅　摩訶曼陀羅　釋梵如恒沙　无數佛土來
雨栴檀沉水　繽紛而亂墜　如鳥飛空下　供散於諸佛
天鼓虛空中　自然出妙聲　天衣千万種　旋轉而來下
衆寶妙香爐　燒无價之香　自然悉周遍　供養諸世尊
其大菩薩衆　執七寶幡蓋　高妙万億種　次第至梵天
一一諸佛前　寶幢懸勝幡　亦以千万偈　歌詠諸如來

尒時佛告弥勒菩薩摩訶薩阿逸多其有衆
生聞佛壽命長遠如是乃至能生一念信解
所得功德无有限量若有善男子善女人為
阿耨多羅三藐三菩提故於八十万億那由他
劫行五波羅蜜檀波羅蜜尸羅波羅蜜羼提
波羅蜜毗梨耶波羅蜜禪波羅蜜除般若波
羅蜜以是功德比前功德百分千分百千万
億分不及其一乃至筭數譬喻所不能知若
善男子有如是功德於阿耨多羅三藐三菩
提退者无有是處尒時世尊欲重宣此義而
說偈言

若人求佛慧　於八十万億　那由他劫數　行五波羅蜜
於是諸劫中　布施供養佛　及緣覺弟子　并諸菩薩衆

若人求佛慧　於八十万億　那由他劫數　行五波羅蜜
於是諸劫中　布施供養佛　及緣覺弟子　并諸菩薩衆
珎異之飲食　上服與卧具　栴檀立精舍　以園林莊嚴
如是等布施　種種皆微妙　盡此諸劫數　以迴向佛道
若復持禁戒　清淨无缺漏　求於无上道　諸佛之所歎
若復行忍辱　住於調柔地　設衆惡来加　其心不傾動
諸有得法者　懷於增上慢　爲此所輕惱　如是亦能忍
若復勤精進　志念常堅固　於无量億劫　一心不懈息
又於无數劫　住於空閑處　若坐若經行　除睡常攝心
以是因緣故　能生諸禪定　八十億万劫　安住心不亂
持此一心福　願求无上道　我得一切智　盡諸禪定際
是人於百千　万億劫數中　行此諸功德　如上之所說
有善男女等　聞我說壽命　乃至一念信　其福過於彼

如是諸人等　頂受此經典　願我於未來　長壽度衆生
如今日世尊　諸釋中之王　道場師子吼　說法无所畏
我等未來世　一切所尊敬　坐於道場時　說壽亦如是
若有深心者　清淨而質直　多聞能捴持　隨義解佛語
如是諸人等　於此无有疑
又阿逸多若有聞佛壽命長遠解其言趣是
人所得功德无有限量能起如來无上之慧
何況廣聞是經若教人聞若自持若教人持
若自書若教人書若以華香瓔珞幢幡繒蓋
香油蘇燈供養經卷是人功德无量无邊能
生一切種智阿逸多若善男子善女人聞我
說壽命長遠深心信解則為見佛常在耆闍
崛山共大菩薩諸聲聞衆圍繞說法又見此

崛山共大菩薩諸聲聞衆圍繞說法又見此
娑婆世界其地瑠璃坦然平正閻浮檀金以
界八道寶樹行列諸臺樓觀皆悉寶成其菩
薩衆咸處其中若有能如是觀者當知是為
深信解相又復如來滅後若聞是經而不毀
呰起隨喜心當知已為深信解相何況讀誦
受持之者斯人則為頂戴如來阿逸多是善
男子善女人不須為我復起塔寺及作僧坊
以四事供養衆僧所以者何是善男子善女
人受持讀誦是經典者為已起塔造立僧坊
供養衆僧則為以佛舍利起七寶塔高廣漸
小至于梵天懸諸幡蓋及衆寶鈴華香瓔珞
末香塗香燒香衆鼓伎樂簫笛箜篌種種儛

有能受持若自書若教人書則為起立僧坊
以赤栴檀作諸殿堂三十有二高八多羅樹
高廣嚴好百千比丘於其中止園林浴池經
行禪窟衣服飲食床褥湯藥一切樂具充滿
其中如是僧坊堂閣若干百千万億其數无
量以此現前供養於我及比丘僧是故我說
如來滅後若有受持讀誦為他人說若自書
若教人書供養經卷不須復起塔寺及造僧
坊供養衆僧況復有人能持是經兼行布施
持戒忍辱精進一心智慧其德冣勝无量无
邊譬如虛空東西南北四維上下无量无邊
是人功德亦復如是无量无邊疾至一切種
智若人讀誦受持是經為他人說若自書若

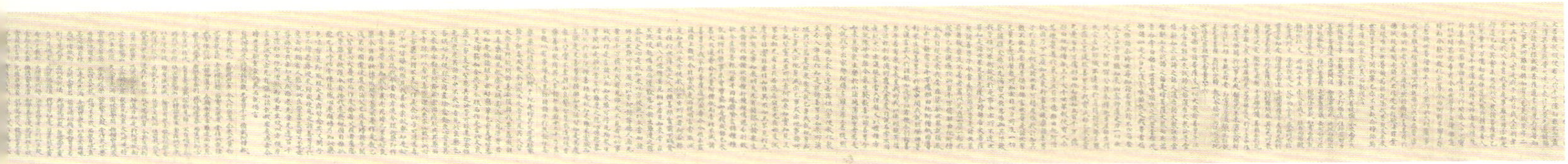

智若人讀誦受持是經為他人說若自書若
教人書復能起塔及造僧坊供養讚歎聲聞
衆僧亦以百千万億讚歎之法讚歎菩薩功
德又為他人種種因緣隨義解說此法華經
復能清淨持戒與柔和者而共同止忍辱无
瞋志念堅固常貴坐禪得諸深定精進勇猛
攝諸善法利根智慧善荅問難阿逸多若我
滅後諸善男子善女人受持讀誦是經典者
復有如是諸善功德當知是人已趣道場近
阿耨多羅三藐三菩提坐道樹下阿逸多是
善男子善女人若坐若立若經行處此中便
應起塔一切天人皆應供養如佛之塔尒時
世尊欲重宣此義而說偈言

是則為起立　若干諸佛塔　以七寶莊嚴
表刹甚高廣　漸小至梵天　寶鈴千万億　風動出妙音
又於无量劫　而供養此塔　華香諸瓔珞　天衣衆伎樂
然香油穌燈　周帀常照明　惡世法末時　能持是經者
則為已如上　具足諸供養　若能持此經　則如佛現在
以牛頭栴檀　起僧坊供養　堂有三十二　高八多羅樹
上饌妙衣服　床卧皆具足　百千衆住處　園林諸浴池
經行及禪窟　種種皆嚴好　若有信解心　受持讀誦書
若復教人書　及供養經卷　散華香末香　以須曼瞻蔔
阿提目多伽　熏油常然之　如是供養者　得无量功德
如虛空无邊　其福亦如是　況復持此經　兼布施持戒
忍辱樂禪定　不瞋不惡口　恭敬於塔廟　謙下諸比丘
遠離自高心　常思惟智慧　有問難不瞋　隨順為解說
若能行是行　功德不可量　若見此法師　成就如是德

遠離自高心　常思惟智慧　有問難不瞋　隨順爲解説
若能行是行　功德不可量　若見此法師　成就如是德
應以天華散　天衣覆其身　頭面接足礼　生心如佛想
又應作是念　不久詣道樹　得无漏无爲　廣利諸人天
其所住止處　經行若坐卧　乃至説一偈　是中應起塔
莊嚴令妙好　種種以供養　佛子住此地　則是佛受用
常在於其中　經行及坐卧

妙法蓮華經卷第五

BD00214

金剛般若波羅蜜經

（後秦）鳩摩羅什 譯

237.9cm × 27.1cm

佛於然燈佛所无有法得阿耨多羅三
菩提佛言如是如是須菩提實无有法如來
得阿耨多羅三藐三菩提須菩提若有法如
來得阿耨多羅三藐三菩提者然燈佛則不
與我受記汝於來世當得作佛号釋迦牟尼
以實无有法得阿耨多羅三藐三菩提是故
然燈佛與我受記作是言汝於來世當得作
佛号釋迦牟尼何以故如來者即諸法如義
若有人言如來得阿耨多羅三藐三菩提須
菩提實无有法佛得阿耨多羅三藐三菩
提須菩提如來所得阿耨多羅三藐三菩提於
是中无實无虛是故如來說一切法皆是佛

尊如来說人身長大則為非大身是名大
身須菩提菩薩亦如是若作是言我當滅度
无量衆生則不名菩薩何以故須菩提實无
有法名為菩薩是故佛說一切法无我无人
无衆生无壽者須菩提若菩薩作是言我當
莊嚴佛土是不名菩薩何以故如来說莊嚴
佛土者即非莊嚴是名莊嚴須菩提若菩薩
通達无我法者如来說名真是菩薩
須菩提於意云何如来有肉眼不如是世尊
如来有肉眼須菩提於意云何如来有天眼
不如是世尊如来有天眼須菩提於意云何
如来有慧眼不如是世尊如来有慧眼須菩

如来有慧眼不如是世尊如来有慧眼須菩
提於意云何如来有法眼不如是世尊如来
有法眼須菩提於意云何如来有佛眼不如
是世尊如来有佛眼須菩提於意云何恒河
中所有沙佛說是沙不如是世尊如来說是
沙須菩提於意云何如一恒河中所有沙有
如是等恒河是諸恒河所有沙數佛世界如
是寧為多不甚多世尊佛告須菩提尒所國
土中所有衆生若干種心如来悉知何以故
如来說諸心皆為非心是名為心所以者何須
菩提過去心不可得現在心不可得未来
心不可得須菩提於意云何若有人滿三千

須菩提若福德有實如来不説得福德多
以福德无故如来説得福德多
須菩提扵意云何佛可以具足色身見不不
也世尊如来不應以具足色身見何以故如
来説具足色身即非具足色身是名具足
色身須菩提扵意云何如来可以具足諸相
見不不也世尊如来不應以具足諸相見何
以故如来説諸相具足即非具足是名諸相
具足須菩提汝勿謂如来作是念我當有所
説法莫作是念何以故若人言如来有所説法
即為謗佛不能解我所説故須菩提説法者
无法可説是名説法須菩提白佛言世尊佛

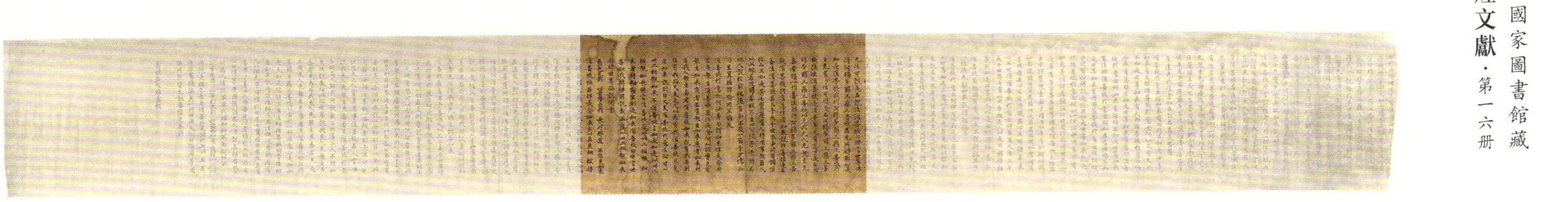

无法可說是名說法須菩提白佛言世尊佛
得阿耨多羅三藐三菩提為无所得耶如是
如是須菩提我於阿耨多羅三藐三菩提乃
至无有少法可得是名阿耨多羅三藐三菩
提復次須菩提是法平等无有高下是名阿
耨多羅三藐三菩提以无我无人无衆生无
壽者脩一切善法則得阿耨多羅三藐三菩
提須菩提所言善法者如來說非善法是名
善法須菩提若三千大千世界中所有諸須
弥山王如是等七寶聚有人持用布施若人
以此般若波羅蜜經乃至四句偈等受持為
他人說於前福德百分不及一百千万億分

當度衆生須菩提莫作是念何以故實无有
衆生如来度者若有衆生如来度者如来則
有我人衆生壽者須菩提如来說有我者則
非有我而凡夫之人以為有我須菩提凡夫
者如来說則非凡夫須菩提於意云何可以
卅二相觀如来不須菩提言如是如是以卅二
相觀如来佛言須菩提若以卅二相觀如
来者轉輪聖王則是如来須菩提白佛言世
尊如我解佛所說義不應以卅二相觀如来
尒時世尊而說偈言
若以色見我　以音聲求我　是人行邪道　不能見如来
須菩提汝若作是念如来不以具足相故得

須菩提汝若作是念如来不以具足相故得
阿耨多羅三藐三菩提須菩提莫作是念如
来不以具足相故得阿耨多羅三藐三菩提
須菩提汝若作是念發阿耨多羅三藐三菩
提者説諸法斷滅相莫作是念何以故發阿
耨多羅三藐三菩提者於法不説斷滅相須
菩提若菩薩以滿恒河沙等世界七寶布施
若復有人知一切法无我得成於忍此菩薩
勝前菩薩所得功德須菩提以諸菩薩不受
福德故須菩提白佛言世尊云何菩薩不受
福德須菩提菩薩所作福德不應貪著是故
説不受福德須菩提若有人言如来若来若

須菩提若善男子善女人以三千大千世界碎
為微塵於意云何是微塵衆寧為多不甚
多世尊何以故若是微塵衆實有者佛則不
說是微塵衆所以者何佛說微塵衆則非微
塵衆是名微塵衆世尊如來所說三千大千
世界則非世界是名世界何以故若世界實有
者則是一合相如來說一合相則非一合相
是名一合相須菩提一合相者則是不可說
但凡夫之人貪著其事須菩提若人言佛
說我見人見衆生見壽者見須菩提於意
云何是人解我所說義不世尊是人不解如
來所說義何以故世尊說我見人見衆生見

来所說義何以故世尊說我見人見衆生見
壽者見即非我見人見衆生見壽者見是
名我見人見衆生見壽者見須菩提發阿耨
多羅三藐三菩提心者於一切法應如是知如
是見如是信解不生法相須菩提所言法相
者如来說即非法相是名法相須菩提若有
人以滿无量阿僧祇世界七寶持用布施若有
善男子善女人發菩薩心者持於此經乃至
四句偈等受持讀誦為人演說其福勝彼云
何為人演說不取於相如如不動何以故
一切有為法　如夢幻泡影　如露亦如電　應作如是觀
佛說是經已長老須菩提及諸比丘比丘尼

金剛般若波羅蜜經

BD00215 大乘入楞伽經卷七

（唐）實叉難陀 譯

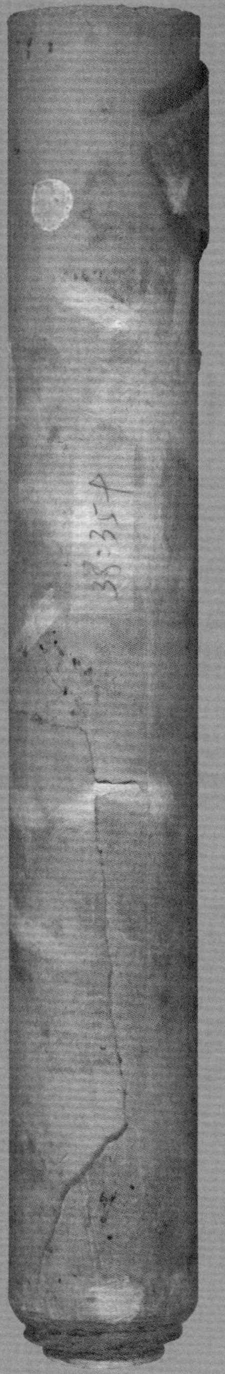

580cm × 26.3cm

未
觀察
外道諸
我无上大乘　超越
聲聞及外道　所說皆慳悋　令
諸相及自體　形狀及與名　攀
計梵自在作　一身與多身　及日月運行　彼非是
具足於聖見　通達如實法　善巧轉諸想　到於識彼岸
以此解脫印　永離於有无　及離於去來　是我法中子
若色識轉滅　諸業失壞者　是則无生死　亦无常无常
而彼轉滅時　色處雖捨離　業住阿賴耶　離有无過失
色識雖轉滅　而業不失壞　令於諸有中　色識復相續

色心與分別　非異非不異　愚夫謂滅壞　而實離有无
緣起與妄計　展轉无別相　如色與无常　展轉生亦尒
既離異非異　妄計不可知　如色无常性　云何說有无
善達於妄計　緣起則不生　由見於緣起　妄計則真如
若滅妄計性　是則壞法眼　便於我法中　建立及誹謗
如是色類人　當毀謗正法　彼皆以非法　滅壞我法眼
智者勿共語　比丘事亦弃　以滅壞妄計　建立誹謗故
若隨於分別　起於有无見　彼如幻毛輪　夢燄與乹城
彼非學佛法　不應與同住　以自隨二邊　亦壞他人故
若有脩行者　觀於妄計性　寂靜離有无　攝取與同住
如世間有處　出金摩尼珠　彼雖无造作　而衆生受用
業性亦如是　遠離種種性　所見業非有　非不生諸趣
如聖所了知　法皆无所有　愚夫所分別　妄計法非无

如聖所了知　法皆无所有　愚夫所分別　妄計法非无
若愚所分別　彼法非有者　既无一切法　衆生无雜染
以有雜染法　无明愛所繫　能起生死身　諸根悉具足
若謂愚分別　此法皆无者　則无諸根生　彼非正修行
若无有此法　而為生死因　愚夫不待修　自然而解脫
若无有彼法　凡聖云何別　亦則无聖人　修行三解脫
諸蘊及人法　自共相无相　諸緣及諸根　我為聲聞說
唯心及非因　諸地與自在　内證淨真如　我為佛子說
未來世當有　身著於袈裟　妄說於有无　毀壞我正法
緣起法无性　是諸聖所行　妄計性无物　計度者分別
未來有愚癡　揭那諸外道　說於无因論　惡見壞世間
妄說諸世間　從於微塵生　而彼塵无因　九種實物常
從實能成實　從德能生德　真法性異此　撥謗說言无

眼色識本无　而今有生者　衣冠及席等　應從泥團生
如疊中无席　蒲中亦无席　何不諸緣中　一一皆生席
彼命者與身　若本无而生　我先已說彼　皆是外道論
我先所說宗　為遮於彼意　既遮於彼已　然彼說自宗
恐諸弟子衆　迷著有无宗　是故我為其　先說外道論
迦毗羅惡慧　為諸弟子說　勝性生世間　求那所轉變
諸緣无有故　非已生現生　諸緣既非緣　非生非不生
我宗離有无　亦離諸因緣　生滅及所相　一切皆遠離
世間如幻夢　因緣皆无性　常作如是觀　分別永不起
若能觀諸有　如燄及毛輪　亦如尋香城　常離於有无
因緣俱捨離　令心悉清淨
若言无外境　而唯有心者　无境則无心　云何成唯識
以有所緣境　衆生心得起　无因心不生　云何成唯識

[illegible]
以有所緣境　衆生心得起　无因心不生　云何成唯識
真如及唯識　是衆聖所行　此有言非有　彼非解我法
由能取所取　而心得生起　世間心如是　故非是唯心
身資土影像　如夢從心生　心雖成二分　而心无二相
如刀不自割　如指不自觸　而心不自見　其事亦如是
无有影像處　則无依他起　妄計性亦无　五法二心盡
能生及所生　皆是自心相　密意說能生　而實无自性
種種境形狀　若由妄計生　虛空與兔角　亦應成境相
似境從心起　此境非妄計　然彼妄計境　離心不可得
无始生死中　境界悉非有　心无有起處　云何成影像
若无物有生　兔角亦應生　不可无物生　而起於分別
如境現非有　彼則先亦无　云何无境中　而心緣境起
真如空實際　涅槃及法界　一切法不生　是第一義性

无物而得生　如貧應是富　无境而生心　願佛為我說
一切若无因　无心亦无境　心既无所生　離三有所作
因瓶衣角等　而說兔角无　是故不應言　无彼相因去
无因有故无　是无不成无　有待无亦尒　展轉從因起
若依心少法　而有少法起　是則前所依　无因而自有
若彼別有依　彼依復有依　如是則无窮　亦无有少法
如依木葉等　現種種幻相　眾生亦如是　依事種種現
依於幻師力　令愚見幻相　而於木葉等　實无幻可得
若依心於事　此法則便壞　所見既无二　何有少分別
分別无妄計　分別亦无有　以分別无故　无生死涅槃
由无所分別　分別則不起　云何心不起　而得有唯心
意差別无量　皆无真實法　无實无解脫　亦无諸世間
如愚所分別　外所見皆无　習氣擾濁心　似影像而現

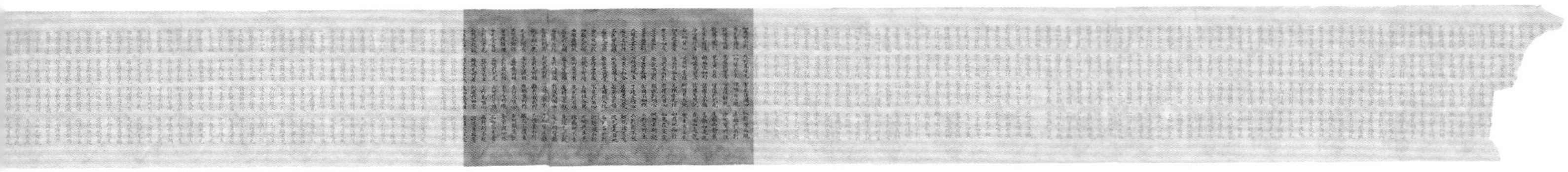

如愚所分別　外所見皆无　習氣擾濁心　似影像而現
有无等諸法　一切皆不生　但唯自心現　遠離於分別
說諸法從緣　為愚非智者　心自性解脫　淨心聖所住
數勝及露形　梵志與自在　皆隨於无見　遠離寂靜義
无生无自性　離垢空如幻　諸佛及今佛　為誰如是說
淨心脩行者　離諸見計度　諸佛為彼說　我亦如是說
若一切皆心　世間何處住　何因見大地　衆生有去來
如鳥遊虛空　隨分別而去　无依亦无住　如履地而行
衆生亦如是　隨於妄分別　遊履於自心　如鳥在虛空
身資國土影　佛說唯心起　願說影唯心　何因去何起
身資國土影　皆由習氣轉　亦因不如理　分別之所生
外境是妄計　心緣彼境生　了境是唯心　分別則不起
若見妄計性　名義不和合　遠離覺所覺　解脫諸有為

由見自心故　妄作名字滅　不見於自心　則起彼分別
四蘊无色相　彼數不可得　大種性各異　云何共生色
由離諸相故　能所造非有　異色別有相　諸蘊何不生
若見於无相　蘊處皆捨離　是時心亦離　見法无我故
由根境差別　生於八種識　於彼无相中　是三相皆離
意緣何轉耶　起我我所執　及識二執取　了知皆遠離
觀見離一異　是則无所動　離於我我所　二種妄分別
无生无增長　亦不為識因　既離能所作　滅已不復生
世間无能作　及離能所相　妄計及唯心　云何願為說
自心現種種　分別諸形相　不了心所現　妄取謂心外
由无覺見智故　而趣於无見　云何於有性　而心不生著
分別非有无　故於有不生　了所見唯心　分別則不起
分別不起故　轉依无所著　則遮於四宗　謂法有因等

分別不起故　轉依无所著　則遮於四宗　謂法有因等
此但異名別　所立皆不成　應知能作因　亦復不成立
為遮於能作　説因緣和合　為遮於常過　説緣是无常
愚夫謂无常　而實不生滅　不見滅壞法　而能有所作
何有无常法　而能有所生
天人阿脩羅　鬼畜閻羅等　衆生在中生　我説為六道
由業上中下　於中而受生　守護諸善法　而得勝解脫
佛為諸比丘　説於所受生　念念皆生滅　請為我宣説
色色不暫停　心心亦生滅　我為弟子説　受生念遷謝
色色中分別　生滅亦復然　分別是衆生　離分別非有
我為此緣故　説於念念生　若離取著色　不生亦不滅
緣生非緣生　无明真如等　二法故有起　无二即真如
若彼緣非緣　生法有差別　常等與諸緣　有能作所作

凡夫妄分別　取三自性故　見有能所取　世及出世法
我先觀待故　說取於自性　今為遮諸見　不應妄分別
求過為非法　亦令心不定　皆由二取起　无二即真如
若无明愛業　而生於識等　耶念復有因　是則无窮過
无智說諸法　有四種滅壞　妄起二分別　法實離有无
遠離於四句　亦離於二見　分別所起二　了已不復生
不生中知生　生中知不生　彼法同等故　不應妄分別
願佛為我說　遠二見之理　令我及餘眾　恒不墮有无
不離諸外論　亦離於二乘　諸佛證所行　佛子不退處
解脫因非因　同一無生相　迷故執異名　智者應常離
法從分別生　如毛輪幻焰　外道妄分別　世從自性生
无生及真如　性空與實際　此等異名說　不應執為无
如手有多名　帝釋名亦尒　諸法亦如是　不應執為无

如手有多名 帝釋名亦尒 諸法亦如是 不應執為无
色與空无異 无生亦復然 不應執為異 成諸見過失
以惣別分別 及遍分別故 執著諸事相 長短方圓等
惣分別是心 遍分別為意 別分別是識 皆離能所相
我法中起見 及外道无生 皆是妄分別 過失等无異
若有能解了 我所說无生 及无生所為 是人解我法
為破於諸見 无生无住處 令知此二義 故我說无生
佛說无生法 若是有是无 則同諸外道 无因不生論
我說唯心量 遠離於有无 若生若不生 是見應皆離
无因論不生 生則著作者 作即離諸見 无即自然生
佛說諸方便 正見大顯等 一切法若无 道場何所成
離能取所取 非生亦非滅 所見法非法 皆從自心起
牟尼之所說 前後自相違 云何說諸法 而復言不生

世間隨二邊　諸見所迷惑　唯願青蓮眼　說諸地次第
取生不生等　不了寂滅因　道場无所得　我亦无所說
剎那法皆空　无生无自性　諸佛已淨二　有二即成過
惡見之所覆　分別非如來　妄計於生滅　願為我等說
積集於藏識　和合之所生　隨其類現前　色境皆具足
見於外色已　而起於分別　若能了知此　則見真實義
若離於大種　諸物皆不成　大種既唯心　當知无所生
此心亦不生　則順聖種性
多分別分別　无分別是智　分別於分別　是二非涅槃
若立无生宗　則壞於幻法　亦无因起幻　損減於自宗
猶如鏡中像　雖離一異性　所見非是无　生相亦如是
如乾城幻等　悉待因緣有　諸法亦如是　是生非不生
分別於人法　而起二種我　此但世俗說　愚夫不覺知
由願與緣智　自力及最勝　聲聞法第五　而有羅漢等

由顛與緣智　自力及最勝　聲聞法第五　而有羅漢等
時隔及滅壞　勝義與遍遷　是四種无常　愚分別非智
愚夫墮二邊　徳塵自性作　以取有无宗　不知解脫因
大種互相違　安能起於色　但是大種性　无大所造色
火乃燒於色　水復為爛壞　風能令散滅　云何色得生
色蘊及識蘊　唯此二非五　餘但是異名　我說彼如兔
心心所差別　而起於現法　分析於諸色　唯心无所造
青白等相待　作所作亦然　所生及性空　冷熱相所相
有无等一切　妄計不成立
心意及餘六　諸識共相應　皆依藏識生　非一亦非異
數勝及露形　計自在能生　皆墮有无宗　遠離寂靜義
大種生形相　非生於大種　外道說大種　生大種及色
於无生法外　外道計作者　依心有无宗　愚夫不覺知

諸色為无者　衆生亦應无　无色論是斷　諸識不應生
識依四種住　无色云何成　內外既不成　識亦不應起
衆生識若无　自然得解脫　必是外道論　妄計者不知
或有隨樂執　中有中諸蘊　如生於无色　无色云何有
无色中之色　彼非是可見　无色則違宗　非乘及乘者
識從習氣生　與諸根和合　八種於剎那　取皆不可得
若諸色不起　諸根則非根　是故世尊說　根色利臧迦
云何不了色　而得有識生　云何識不生　而得受生死
諸根及根境　聖者了其義　愚癡无智者　妄執取其名
不應執第六　有取及无取　為離諸過失　聖者无定說
諸外道无智　怖畏於斷常　計有為无為　與我无差別
或計與心一　或與意等異　一性有可取　異性有亦然
若取是決了　名為心心所　此取何不能　決了於一性

若取是決了　名為心心所　此取何不能　決了於一性
有取及作業　可得而受生　猶如火所成　理趣似非似
如火頓燒時　然可然皆具　妄取我亦然　云何无所取
若生若不生　心性常清淨　外道所立成　何不以為喻
迷惑識稠林　妄計離真法　樂於我論故　馳求於彼此
內證智所行　清淨真我相　此即如來藏　非外道所知
分析於諸蘊　能取及所取　若能了此相　則生真實智
是諸外道等　於賴耶藏處　計意與我俱　此非佛所說
若能辯了此　解脫見真諦　見脩諸煩惱　斷除悉清淨
本性清淨心　衆生所迷取　无始如來藏　遠離邊无邊
本識在蘊中　如金銀在鑛　陶冶鍊治已　金銀皆顯現
佛非人非蘊　但是无漏智　了知常寂靜　是我之所歸
本性清淨心　隨煩惱意等　及與我相應　願佛為解說

如衣得離垢 亦如金出鑛 衣金俱不壞 心離過亦然
无智者推求 箜篌蠡鼓等 而覓妙音聲 蘊中我亦尒
猶如伏藏寶 亦如地下水 雖有不可見 蘊真我亦然
心心所功能 聚集蘊相應 无智不能取 蘊中我亦尒
如女懷胎藏 雖有不可見 蘊中真實我 无智不能知
如藥中勝力 亦如木中火 蘊中真實我 无智不能知
諸法中空性 及以无常性 蘊中真實我 无智不能知
諸地自在通 灌頂勝三昧 若无此真我 是等悉皆无
有人破壞言 若有應示我 智者應答言 汝分別示我
說无真我者 謗法著有无 比丘應羯磨 擯弃不共語
說真我熾然 猶如劫火起 燒无我稠林 離諸外道過
如蘇酪石蜜 及以麻油等 彼皆悉有味 未嘗者不知
於諸蘊身中 五種推求我 愚者不能了 智見即解脫

於諸蘊身中　五種推求我　愚者不能了　智見即解脫
明智所立喻　猶未顯於心　其中所集義　豈能使明了
諸法別異相　不了唯一心　計度者妄執　无因及无起
定者觀於心　心不見於心　見從所見生　所見何因起
我姓迦旃延　淨居天中出　為衆生說法　令入涅槃城
緣於本住法　我及諸如來　於三千界中　廣說涅槃法
欲界及无色　不於彼成佛　色界究竟天　離欲得菩提
境界非縛因　因縛於境界　脩行利智劒　割析彼煩惱
无我云何有　幻等法有无　愚應顯真如　云何无真我
已作未作法　皆非因所起　一切悉无生　愚夫不能了
能作者不生　所作及諸緣　此二皆无生　云何計能作
妄計者說有　先後一時因　顯現弟子等　說諸物生起
佛非是有為　所具諸相好　是輪王功德　非此名如來

隨好隱爲天　相隱爲輪王　此二着放逸　唯顯者出家
我釋迦滅後　當有毗耶娑　迦那梨沙婆　劫比羅等出
我滅百年後　毗耶娑所説　娑邏多等論　次有半擇娑
憍拉婆囉摩　次有冒狸王　難陀及毱多　次蔑利車王
於後刀兵起　次有極惡時　彼時諸世間　不脩行正法
如是等過後　世間如輪轉
日火共和合　焚燒於欲界　復立於諸天　世間還成就
諸王及四姓　諸仙垂法化　韋陀祠祀等　當有此法興
談論戲笑法　長行與解釋　我聞如是等　迷惑於世間
所受種種衣　若有正色者　青泥牛糞等　染之令壞色
所服一切衣　令離外道相　現於脩行者　諸佛之幢相
亦繫於腰縚　漉水而飲用　次第而乞食　不至於非處
生於勝妙天　及生於人中　寶相具足者　生天及人王

生於勝妙天　及生於人中　寶相具足者　生天及人王
王有四天下　法教久臨御　上昇於天宮　由貪皆退失
純善及三時　二時并極惡　餘佛出善時　釋迦出惡世
於我涅槃後　釋種悉達多　毗紐大自在　外道等俱出
如是我聞等　釋師子所說　談古及笑語　毗夜娑仙說
於我涅槃後　毗紐大自在　彼說如是言　我能作世間
我名離塵佛　姓迦多衍那　父名世間主　母號為具財
我生瞻波國　我之先祖父　從於月種生　故號為月藏
出家脩苦行　演說千法門　與大慧授記　然後當滅度
大慧付達摩　次付弥佉梨　弥佉梨惡時　劫盡法當滅
迦葉拘留孫　拘那含牟尼　及我離塵垢　皆出純善時
純善漸減時　有導師名慧　成就大勇猛　覺悟於五法
非二時三時　亦非極惡時　於彼純善時　現成等正覺

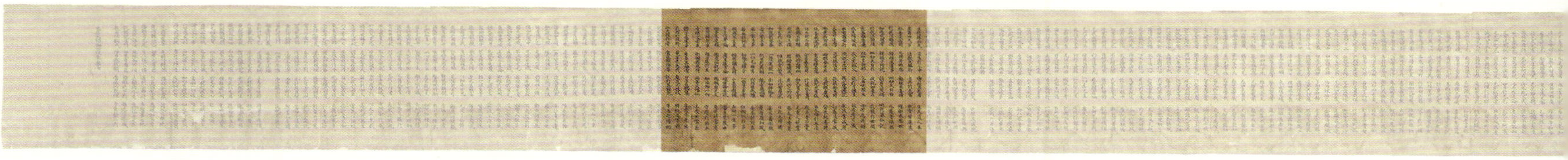

唯畜於三衣　恒滅貪欲火　沐以智慧水　日夜三時脩
如放箭勢極　一墜還放一　亦如拼骼木　善不善亦然
若一能生多　則有別異相　施者應如田　受者應如風
若一能生多　一切无因有　所作因滅壞　是妄計所立
若妄計所立　如燈及種子　一能生多者　但相似非多
胡麻不生豆　稻非穬麦因　小豆非穀種　云何一生多
多手作聲論　廣主造王論　順世論妄說　當生梵藏中
迦多延造經　樹皮仙說祀　鵂鶹出天文　惡世時當有
世間諸衆生　福力感於王　如法御一切　守護於國土
青蟻及赤豆　側僻與馬行　此等大福仙　未來世當出
釋子悉達多　步多五髻者　口力及聰慧　亦於未來出
我在於林野　梵王來惠我　鹿皮三岐杖　膊絡及軍持
此大脩行者　當成離垢尊　說於真解脫　牟尼之幢相

此大脩行者　當成離垢尊　說於真解脫　牟尼之幢相
梵王與梵眾　諸天及天眾　施我鹿皮衣　還歸自在宮
我在林樹間　帝釋四天王　施我妙衣服　及以乞食鉢
若立不生論　是因生復生　如是立无生　唯是虛言說
无始所積集　无明為心因　生滅而相續　妄計所分別
僧佉論有二　勝性及變異　勝中有所作　所作應自成
勝性與物俱　求那說差別　作所作種種　變異不可得
如水銀清淨　塵垢不能染　藏識淨亦然　眾生所依止
如興渠惹氣　塩味及胎藏　種子亦如是　云何而不生
一性及異性　俱不俱亦然　非所取之有　非无非有為
馬中牛性離　蘊中我亦然　所說為无為　悉皆无自性
理教等求我　是妄垢惡見　不了故說有　唯妄取无餘
諸蘊中之我　一異皆不成　彼過失顯然　妄計者不覺

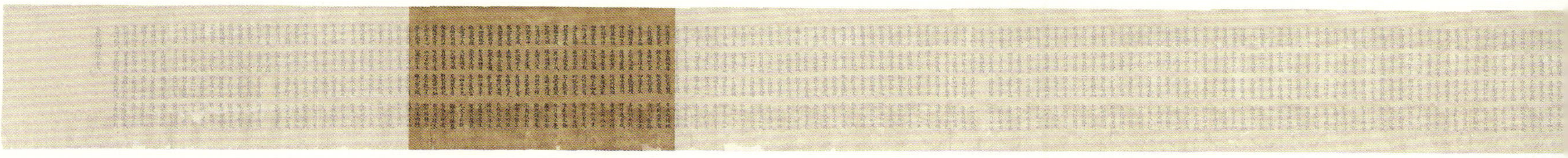

猶如孔隙中　見電光速滅　法遷變亦然　不應起分別
愚夫心迷惑　取涅槃有无　若得聖見者　如實而能了
應知變異法　遠離於生滅　亦離於有无　及以能所取
應知變異法　遠離外道論　亦離於名相　內我見亦滅
諸天樂觸身　地獄苦逼體　若无彼中有　諸識不得生
應知諸趣中　衆生種種身　胎卵濕生等　皆隨中有生
離聖教正理　欲滅惑反增　是外道狂言　智者不應說
先應決了我　及分析諸取　以如石女兒　无決了分析
我離於肉眼　以天眼慧眼　見諸衆生身　離諸行諸蘊
觀見諸行中　有好色惡色　解脫非解脫　有住天中者
諸趣所受身　唯我能了達　超過世所知　非計度境界
无我而生心　此心云何生　豈不說心生　如河燈種子
若无无明等　心識則不生　離无明无識　云何生相續

若无无明等 心識則不生 離无明无識 云何生相續
妄計者所說 三世及非世 第五不可得 諸佛之所知
諸行取所住 彼亦為智因 不應說智慧 而名為諸行
有此因緣故 則有此法生 无別有作者 是我之所說
風不能生火 而令火熾然 亦由風故滅 云何喻於我
所說為无為 皆離於諸取 云何愚分別 以火成立我
諸緣展轉力 是故能生火 若分別如火 是我從誰生
意等為因故 諸蘊處積集 无我之為主 常與心俱起
此二常如日 遠離能所作 非火能成立 妄計者不知
衆生心涅槃 本性常清淨 无始過習染 无異如虛空
為臥等外道 諸見所雜染 意識之所覆 計火等為淨
若得如實見 便能斷煩惱 捨邪踰稠林 到聖所行處
智所知差別 各異而分別 无智者不知 說所不應說

若於此法門　如理正思惟　淨信離分別　成就最勝定
離著住於義　成金光法燈
分別於有无　及諸惡見網　三毒等皆離　得佛手灌頂
外道執能作　迷方及无因　於緣起驚怖　斷故无聖性
發起諸果報　謂諸識及意　意從賴耶生　識依末那起
賴耶起諸心　如海起波浪　習氣以為因　隨緣而生起
剎那相鉤鎖　取自心境界　種種諸形相　意眼等識生
由无始惡習　似外境而生　所見唯自心　非外道所了
因彼而緣彼　而生於餘識　是故起諸見　流轉於生死
諸法如幻夢　水月鏡乾城　當知一切法　唯是心分別
正智依真如　而起諸三昧　如幻首楞嚴　如是等差別
得入於諸地　自在及神通　成就如幻智　諸佛灌其頂
見世間虛妄　是時心轉依　獲得歡喜地　諸地及佛地

見世間虛妄　是時心轉依　獲得歡喜地　諸地及佛地
既得轉依已　如衆色摩尼　利益諸衆生　應現如水月
捨離有无見　及以俱不俱　過於二乘行　亦超第七地
自内現證法　地地而修治　遠離諸外道　應說是大乘
說解脫法門　如兔角摩尼　捨離於分別　離死及遷滅
教由理故成　理由教故顯　當依此教理　勿更餘分別

大乘入楞伽經卷第七

BD00216 七階佛名經

（隋）信行 撰

216.6cm × 26.5cm

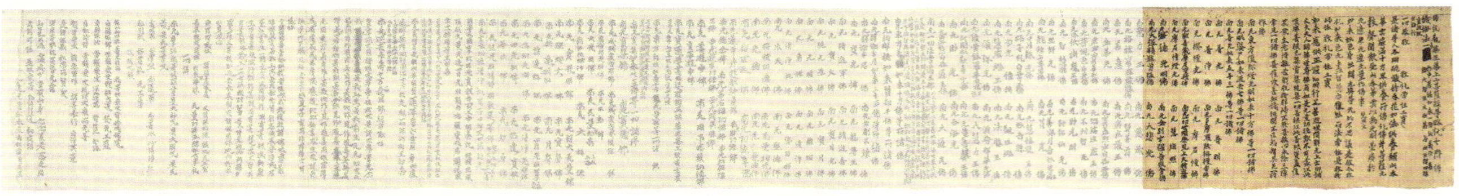

佛說觀藥王藥上二菩薩經等略礼七階佛
懺悔法一卷[redacted]於中善德如来一階依義次第餘六階依文次第与此世階因緣重故跪出脩行
一切恭敬 敬礼常住三寶
是諸等人各踋跪嚴持香花如法供養願此香
華雲遍滿十方界供養一切佛化佛并菩薩无
數聲聞衆受此香華雲以為光明臺廣於
无邊界无邊无量作佛事 梵唄文
如来妙色身世間无與等无比不思議是故今敬
礼如来色无盡智慧亦復然一切法常住是故我
歸依敬礼常住三寶
如来應供正遍知明行足善逝世間解无上士調御
丈夫天人師佛世尊佛有如是无量功德歎不可盡以此

嘆佛善根已集當集現集一切善根以此善根資益法
界衆生悉得離苦解脱捨邪歸正發菩提心永除三障
常見一切諸佛菩薩及善知識恒聞正法福智具足一時
作佛
南无東方須弥燈光明如来十方佛等一切諸佛
南无毗婆尸如来過去七佛等一切諸佛
南无普光如来五十三佛等一切諸佛
南无普光佛　南无普明佛
南无普淨佛　南无多摩羅跋栴檀香佛
南无栴檀光佛　南无摩尼幢佛
南无歡喜藏摩尼寶積佛　南无一切世間樂見上大精進佛
南无摩尼幢燈光佛　南无慧炬照佛
南无海德光明佛　南无金剛牢强普散金光佛
南无大强精進勇猛佛　南无大悲光佛

南无大强精進勇猛佛
南无大悲光佛
南无慈力王佛
南无慈藏佛
南无栴檀窟莊嚴勝佛
南无賢善首佛
南无善意佛
南无廣莊嚴王佛
南无金華光佛
南无寶蓋照空自在王佛
南无虚空寶華光佛
南无瑠璃莊嚴王佛
南无普現色身光佛
南无不動智光佛
南无降伏諸魔王佛
南无財光明佛
南无智慧勝佛
南无勒孫仙光佛
南无世靜光佛
南无善寂月音妙尊智王佛
南无龍種上尊王佛
南无日月光佛
南无日月珠光佛
南无慧幡勝王佛
南无師子吼自在力王佛
南无妙音勝佛
南无常光幢佛
南无觀世燈佛

南无慧威燈王佛　南无法勝王佛

南无須弥光佛　南无須彌那華光佛

南无優曇鉢羅華殊勝王佛　南无大慧力王佛

南无阿閦毗歡喜光佛　南无无量音聲王佛

南无財光佛　南无金海光佛

南无山海慧自在通王佛　南无大通光佛

南无一切法常滿王佛　乃是過去久遠舊住娑婆世界成就衆生一切般涅槃若有善男子善女人及餘一切衆生得聞是五十三佛名者是人於百千万億阿僧祇劫不墮惡道若復有人能稱是五十三佛名者生生之處常得值遇十方諸佛若復有人至心敬礼五十三佛名者除滅四重五逆及謗方等經皆悉清淨以是諸佛本誓願故於念念中即得除滅如上諸罪

南无東方善德如来十方佛等一切諸佛

南无拘那提如来賢劫千佛等一切諸佛

南无釋迦牟尼如来三十五佛等一切諸佛

南无釋迦牟尼佛　南无金剛不壞佛

南无寶光佛　南无龍尊王佛

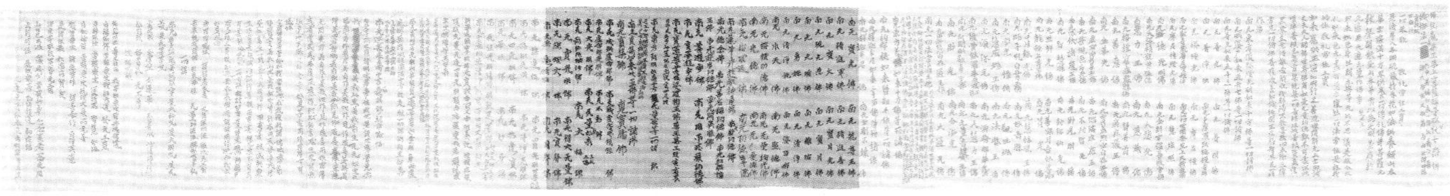

南无寶光佛 南无龍尊王佛
南无精進軍佛 南无精進喜佛
南无寶火佛 南无寶月光佛
南无現无愚佛 南无寶月佛
南无无垢佛 南无離垢佛
南无勇施佛 南无清淨佛
南无清淨施佛 南无娑留那佛
南无水天佛 南无堅德佛
南无栴檀功德佛 南无无量掬光佛
南无光德佛 南无无憂德佛
南无那羅延佛 南无功德華佛
南无蓮華光遊戲神通佛 南无財功德佛
南无德念佛 南无善名稱功德佛 南无紅炎幢
王佛 南无遊步功德佛 南无鬪戰勝佛

南无善遊步佛　南无周帀莊嚴功德佛
南无寶華遊步佛
南无寶蓮華善住娑羅樹王佛藥王藥上經[illegible]有其
日帀无名号此卅五佛名出決定毗尼經
南无東方阿閦如來十方[illegible]无量佛等一切諸佛
南无寶集如來廿五佛等一切諸佛
已上七階佛依藥王藥上經文次出
莫已下別依餘部經尊號
南无寶集佛　南无寶大勝佛
南无成就盧舍那佛　南无大成盧舍那像佛
南无盧舍那光明佛　南无不動佛
南无大光明佛　南无无量如來　三禮三唱
南无阿彌陀如沙佛　南无大稱佛
南无寶光明佛　南无得大无量佛
南无然燈火佛　南无寶聲佛
南无無[illegible]　南无[illegible]聲佛

南无無邊無垢佛　南无月聲佛
南无無邊稱佛　南无月光明世尊 三拜 三礼
南无無垢光明佛　南无清淨光明佛
南无日光明佛　南无無邊寶佛
南无華勝佛　南无妙身佛
南无法光明清淨開敷蓮華佛 此二十五佛名出 佛名經弟一卷
南无虛空功德清淨微塵等目端正功德相光
明華波頭摩琉璃光寶體香最上香供養訖種種莊嚴
頂髻无量无邊日月光明願力莊嚴變化莊嚴法界
出生無障礙王如來
若有善男子善女人犯四重禁　謗三寶　又犯四波羅夷　是人罪重縱使閻浮
提地變為微塵一一微塵成於一劫　是人有若干劫罪　聞是一佛名則礼一拜者即得
消除　况復晝夜讚　誦憶念者是人功德不可思議
南无毫相日月光明焰寶蓮華堅如金剛身毗盧
遮那無障礙眼圓滿十方放光照一切佛剎相王如來

出三佛名經出十二佛名神
呪校量功德除滅罪障經
南无過去未來十方一切三世諸佛歸命懺悔
如是等一切世界諸佛世尊常住在世是諸世尊當慈念
我[redacted]若我此生若我前生從无始生死
已來所作衆罪若自作若教他作見作隨喜若塔若
僧若四方僧物若自取若教他取見取隨喜[redacted]五逆
无間重罪若自作若教他作見作隨喜所作罪障
或有覆藏或不覆藏應墮地獄餓鬼畜生及諸餘惡
趣邊地下賤及彌戾車如是等處所作罪障今皆
懺悔
今諸佛世尊當證知我當憶念我我復於諸佛世尊前
作如是言若我此生若我餘生曾行布施或守淨戒乃
至施與畜生一摶之食或脩淨行所有善根成就衆
生所有善根脩行脩行菩提所有善根及无上智所

生所有善根隨行隨行菩提 所有善根及無上菩所
有善根及無上一切合集校計籌量皆悉迴向阿耨多
羅三藐三菩提如過去未來現在諸佛所作迴向我亦
如是迴向
衆罪皆懺悔　諸福盡隨喜　及諸佛功德　願成无上智
去來現在諸佛　於衆生最勝　无量功德海　歸依合掌禮
一切誦
南无摩訶般若波羅蜜是大神呪是大明呪　是无
上呪是无等等呪
處世界　如虛空　如蓮華　不著水　心清淨　[illegible]
超於彼　稽首禮　无上尊
說偈呪願
願以此功德　普及於一切　我等與衆生　皆共成佛道
自歸依佛　當願衆生　體解大道　發无上意

自歸依法　當願衆生　深入經藏　智慧如海
自歸依僧　當願衆生統理大衆一切无碍
願諸衆生　諸惡莫作　諸善奉行　自淨其意
是諸佛教　和南一切賢聖
諸衆等聽說黄昏无常偈
此日已過　命即減少　當願此身　念念衰老　一念之間
去何可保　是故衆等　勤脩行道　初夜偈
……邊　度苦船未立　去何樂睡眠

BD00217 大般若波羅蜜多經卷二八一

（唐）玄奘 譯

592.9cm × 24.3cm

何以故若一切智智清淨若耳界清淨
切陀羅尼門清淨無二無二分無別無斷故
一切智智清淨故聲界耳識界及耳觸耳觸
爲緣所生諸受清淨聲界乃至耳觸爲緣所
生諸受清淨故一切陀羅尼門清淨何以故
若一切智智清淨若聲界乃至耳觸爲緣所
生諸受清淨若一切陀羅尼門清淨無二無
二分無別無斷故善現一切智智清淨故鼻
界清淨鼻界清淨故一切陀羅尼門清淨何
以故若一切智智清淨若鼻界清淨若一切
陀羅尼門清淨無二無二分無別無斷故一
切智智清淨故香界鼻識界及鼻觸鼻觸
爲緣所生諸受清淨香界乃至鼻觸爲緣所生

諸受清淨若一切陁羅尼門清淨無二無二
分無別無斷故善現一切智智清淨故舌界
清淨舌界清淨故一切陁羅尼門清淨何以
故若一切智智清淨若舌界清淨若一切陁
羅尼門清淨無二無二分無別無斷故一切智
智清淨故味界舌識界及舌觸舌觸為緣
所生諸受清淨味界乃至舌觸為緣所生諸
受清淨故一切陁羅尼門淨〻何以故若一
切智智清淨若味界乃至舌觸為緣所生諸
受清淨若一切陁羅尼門清淨無二無二分
無別無斷故善現一切智智清淨故身界清
淨身界清淨故一切陁羅尼門清淨何以故
若一切智智清淨若身界清淨若一切陁羅
尼門清淨無二無二分無別無斷故一切智

若一切智智清淨若身界清淨若一切陁羅
尼門清淨無二無二分無別無斷故一切智
智清淨故觸界身識界及身觸身觸為緣所
生諸受清淨觸界乃至身觸為緣所生諸受
清淨故一切陁羅尼門清淨何以故若一切
智智清淨若觸界乃至身觸為緣所生諸受
清淨若一切陁羅尼門清淨無二無二分無別
無斷故善現一切智智清淨故意界清淨意
界清淨故一切陁羅尼門清淨何以故若
一切智智清淨若意界清淨若一切陁羅尼
門清淨無二無二分無別無斷故一切智智
清淨故法界意識界及意觸意觸為緣所生
諸受清淨法界乃至意觸為緣所生諸受清
淨故一切陁羅尼門清淨何以故若一切智

無斷故善現一切智智清淨故地界清淨地
界清淨故一切陀羅尼門清淨何以故若一
切智智清淨若地界清淨若一切陀羅尼門
清淨無二無二分無別無斷故一切智智清
淨故水火風空識界清淨水火風空識界清
淨故一切陀羅尼門清淨何以故若一切智
智清淨若水火風空識界清淨若一切陀羅
尼門清淨無二無二分無別無斷故善現一
切智智清淨故無明清淨無明清淨故一切
陀羅尼門清淨何以故若一切智智清淨若
無明清淨若一切陀羅尼門清淨無二無二
分無別無斷故一切智智清淨故行識名色
六處觸受愛取有生老死愁歎苦憂惱清淨

BD00217　大般若波羅蜜多經卷二八一

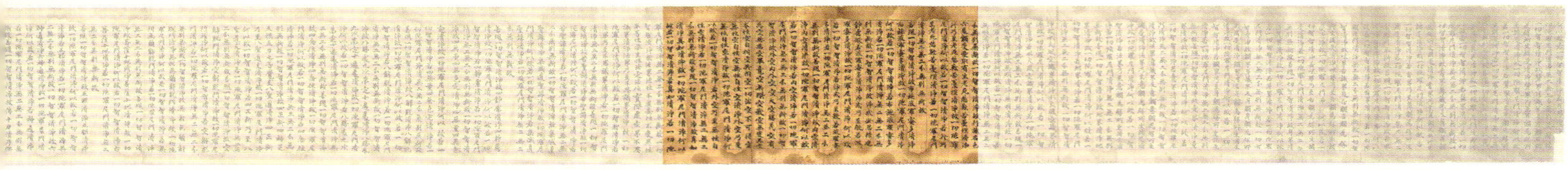

分無別無斷故一切智智清淨故行識名色
六處觸受愛取有生老死愁歎苦憂惱清淨
行乃至老死愁歎苦憂惱清淨故一切陁羅
尼門清淨何以故若一切智智清淨若行乃
至老死愁歎苦憂惱清淨若一切陁羅尼門
清淨無二無二分無別無斷故
善現一切智智清淨故布施波羅蜜多清淨
布施波羅蜜多清淨故一切陁羅尼門清淨
何以故若一切智智清淨若布施波羅蜜多
清淨若一切陁羅尼門清淨無二無二分無
別無斷故一切智智清淨故淨戒安忍精進
靜慮般若波羅蜜多清淨淨戒乃至般若波
羅蜜多清淨故一切陁羅尼門清淨何以故
若一切智智清淨若淨戒乃至般若波羅蜜

[illegible]
淨內空清淨故一切陀羅尼門清淨何以故
若一切智智清淨若內空清淨若一切陀羅
尼門清淨無二無二分無別無斷故一切智
智清淨故外空內外空空空大空勝義空有
為空無為空畢竟空無際空散空無變異空
本性空自相空共相空一切法空不可得空
無性空自性空無性自性空清淨外空乃至
無性自性空清淨故一切陀羅尼門清淨何
以故若一切智智清淨若外空乃至無性自
性空清淨若一切陀羅尼門清淨無二無二
分無別無斷故善現一切智智清淨故真如
清淨真如清淨故一切陀羅尼門清淨何以
故若一切智智清淨若真如清淨若一切陀

BD00217　大般若波羅蜜多經卷二八一

清淨真如清淨故一切陁羅尼門清淨何以
故若一切智智清淨若真如清淨若一切陁
羅尼門清淨無二無二分無別無斷故一切
智智清淨故法界法性不虛妄性不變異性
平等性離生性法定法住實際虛空界不思
議界清淨法界乃至不思議界清淨故一切
陁羅尼門清淨何以故若一切智智清淨若
法界乃至不思議界清淨若一切陁羅尼門
清淨無二無二分無別無斷故善現一切智
智清淨故苦聖諦清淨苦聖諦清淨故一切
陁羅尼門清淨何以故若一切智智清淨若
苦聖諦清淨若一切陁羅尼門清淨無二無
二分無別無斷故一切智智清淨故集滅道
聖諦清淨集滅道聖諦清淨故一切陁羅尼

分無別無斷故
善現一切智智清淨故四靜慮清淨四靜慮
清淨故一切陁羅尼門清淨何以故若一切
智智清淨若四靜慮清淨若一切陁羅尼門
清淨無二無二分無別無斷故一切智智清
淨故四無量四無色定清淨四無量四無色
定清淨故一切陁羅尼門清淨何以故若一
切智智清淨若四無量四無色定清淨若一
切陁羅尼門淨清無二無二分無別無斷故
善現一切智智清淨故八解脫清淨八解脫
清淨故一切陁羅尼門清淨何以故若一切
智智清淨若八解脫清淨若一切陁羅尼門
清淨無二無二分無別無斷故一切智智清

BD00217　大般若波羅蜜多經卷二八一

智智清淨若八解脫清淨若一切陁羅尼門
清淨無二無二分無別無斷故一切智智清
淨故八勝處九次第定十遍處清淨八勝處
九次第定十遍處清淨故一切陁羅尼門清
淨何以故若一切智智清淨若八勝處九次
第定十遍處清淨若一切陁羅尼門清淨無
二無二分無別無斷故善現一切智智清淨
故四念住清淨四念住清淨故一切陁羅尼
門清淨何以故若一切智智清淨若四念住
清淨若一切陁羅尼門清淨無二無二分無
別無斷故一切智智清淨故四正斷四神足
五根五力七等覺支八聖道支清淨四正斷
乃至八聖道支清淨故一切陁羅尼門清淨
何以故一切智智清淨若四正斷乃至八

解脫門清淨空解脫門清淨故一切陀羅尼
門清淨何以故若一切智智清淨若空解脫
門清淨若一切陀羅尼門清淨無二無二分
無別無斷故一切智智清淨故無相無願解
脫門清淨無相無願解脫門清淨故一切陀
羅尼門清淨何以故若一切智智清淨若無
相無願解脫門清淨若一切陀羅尼門清淨
無二無二分無別無斷故善現一切智智清
淨故菩薩十地清淨菩薩十地清淨故一切
陀羅尼門清淨何以故若一切智智清淨若
菩薩十地清淨若一切陀羅尼門清淨無二
無二分無別無斷故
善現一切智智清淨故五眼清淨五眼清淨

BD00217　大般若波羅蜜多經卷二八一

無二分無別無斷故
善現一切智智清淨故五眼清淨五眼清淨
故一切陁羅尼門清淨何以故若一切智智
清淨若五眼清淨若一切陁羅尼門清淨無
二無二分無別無斷故一切智智清淨故六
神通清淨六神通清淨故一切陁羅尼門清
淨何以故若一切智智清淨若神通清淨
若一切陁羅尼門清淨無二無二分無別無
斷故善現一切智智清淨故佛十力清淨佛
十力清淨故一切陁羅尼門清淨何以故若
一切智智清淨若佛十力清淨若一切陁羅
尼門清淨無二無二分無別無斷故一切智
智清淨故四無所畏四無礙解大慈大悲大
喜大捨十八佛不共法清淨四無所畏乃至

十八佛不共法清淨若一切陁羅尼門清淨
無二無二分無別無斷故善現一切智智清
淨故無忘失法清淨無忘失法清淨故一切
陁羅尼門清淨何以故若一切智智清淨若
無忘失法清淨若一切陁羅尼門清淨無二
無二分無別無斷故一切智智清淨故恒住捨
性清淨恒住捨性清淨故一切陁羅尼門清
淨何以故若一切智智清淨若恒住捨性清
淨若一切陁羅尼門清淨無二無二分無別無
斷故善現一切智智清淨故一切智清淨
一切智清淨故一切陁羅尼門清淨何以故
若一切智智清淨若一切智清淨若一切陁
羅尼門清淨無二無二分無別無斷故一切

若一切智智清淨若一切智清淨若一切陀
羅尼門清淨無二無二分無別無斷故一切
智智清淨故道相智一切相智清淨道相智
一切相智清淨故一切陀羅尼門清淨何以
故若一切智智清淨若道相智一切相智清
淨若一切陀羅尼門清淨無二無二分無別
無斷故善現一切智智清淨故一切三摩地
門清淨一切三摩地門清淨故一切陀羅尼
門清淨何以故若一切智智清淨若一切三
摩地門清淨若一切陀羅尼門清淨無二無
二分無別無斷故
善現一切智智清淨故預流果清淨預流果
清淨故一切陀羅尼門清淨何以故若一切
智智清淨若預流果清淨若一切陀羅尼門

羅漢果清淨故一切陀羅尼門清淨何以故
若一切智智清淨若一來不還阿羅漢果清
淨若一切陀羅尼門清淨無二無二分無別
無斷故善現一切智智清淨故獨覺菩提清
淨獨覺菩提清淨故一切陀羅尼門清淨何
以故若一切智智清淨若獨覺菩提清淨若
一切陀羅尼門清淨無二無二分無別無斷
故善現一切智智清淨故一切菩薩摩訶薩
行清淨一切菩薩摩訶薩行清淨故一切陀
羅尼門清淨何以故若一切智智清淨若一
切菩薩摩訶薩行清淨若一切陀羅尼門清
淨無二無二分無別無斷故善現一切智智清
淨故諸佛無上正等菩提清淨諸佛無上

BD00217　大般若波羅蜜多經卷二八一

淨無二無二分無別無斷故善現一切智智清
淨故諸佛無上正等菩提清淨諸佛無上
正等菩提清淨故一切陁羅尼門清淨何以
故若一切智智清淨若諸佛無上正等菩提
清淨若一切陁羅尼門清淨無二無二分無
別無斷故
復次善現一切智智清淨故色清淨色清淨
故一切三摩地門清淨何以故若一切智
清淨若色清淨若一切三摩地門清淨無二
無二分無別無斷故一切智智清淨故受想
行識清淨受想行識清淨故一切三摩地門
清淨何以故若一切智智清淨若受想行識
清淨若一切三摩地門清淨無二無二分無
別無斷故善現一切智智清淨故眼處清淨

門清淨無二無二分無別無斷故一切智智
清淨故耳鼻舌身意處清淨耳鼻舌身意
處清淨故一切三摩地門清淨何以故若一切
智智清淨若耳鼻舌身意處清淨若一切三
摩地門清淨無二無二分無別無斷故善現
一切智智清淨故色處清淨色處清淨故一
切三摩地門清淨何以故若一切智智清淨
若色處清淨若一切三摩地門清淨無二無
二分無別無斷故一切智智清淨故聲香味
觸法處清淨聲香味觸法處清淨故一切三
摩地門清淨何以故若一切智智清淨若聲
香味觸法處清淨若一切三摩地門清淨無
二無二分無別無斷故善現一切智智清淨

香味觸法處清淨若一切三摩地門清淨
二無二分無別無斷故善現一切智智清淨
故眼界清淨眼界清淨故一切三摩地門清
淨何以故若一切智智清淨若眼界清淨若
一切三摩地門清淨無二無二分無別無斷
故一切智智清淨故色界眼識界及眼觸眼
觸為緣所生諸受清淨色界乃至眼觸為緣
所生諸受清淨故一切三摩地門清淨何以
故若一切智智清淨若色界乃至眼觸為緣
所生諸受清淨若一切三摩地門清淨無二
無二分無別無斷故善現一切智智清淨故
耳界清淨耳界清淨故一切三摩地門清淨
何以故若一切智智清淨若耳界清淨若一
切三摩地門清淨無二無二分無別無斷故
一切智智清淨故聲界耳識界及耳觸耳觸

生諸受清淨故一切三摩地門清淨何以故
若一切智智清淨若聲界乃至耳觸為緣所
生諸受清淨若一切三摩地門清淨無二無二
分無別無斷故善現一切智智清淨故鼻
界清淨鼻界清淨故一切三摩地門清淨何
以故若一切智智清淨若鼻界清淨若一切
三摩地門清淨無二無二分無別無斷故一
切智智清淨故香界鼻識界及鼻觸鼻觸為
緣所生諸受清淨香界乃至鼻觸為緣所生
諸受清淨故一切三摩地門清淨何以故若
一切智智清淨若香界乃至鼻觸為緣所生
諸受清淨若一切三摩地門清淨無二無二
分無別無斷故善現一切智智清淨故舌界

BD00217　大般若波羅蜜多經卷二八一

諸受清淨若一切三摩地門清淨無二無二
分無別無斷故善現一切智智清淨故舌界
清淨舌界清淨故一切三摩地門清淨何以
故若一切智智清淨若舌界清淨若一切三
摩地門清淨無二無二分無別無斷故一切
智智清淨故味界舌識界及舌觸舌觸為緣
所生諸受清淨味界乃至舌觸為緣所生諸
受清淨故一切三摩地門清淨何以故若一
切智智清淨若味界乃至舌觸為緣所生諸
受清淨若一切三摩地門清淨無二無二分
無別無斷故善現一切智智清淨故身界清
淨身界清淨故一切三摩地門清淨何以故
若一切智智清淨若身界清淨若一切三摩
地門清淨無二無二分無別無斷故一切智

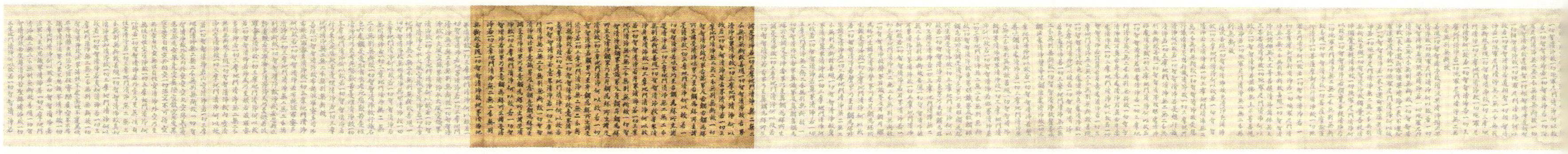

清淨故一切三摩地門清淨何以故若一切
智智清淨若觸界乃至身觸爲緣所生諸受
清淨若一切三摩地門清淨無二無二分無
別無斷故善現一切智智清淨故意界清淨
意界清淨故一切三摩地門清淨何以故若
一切智智清淨若意界清淨若一切三摩地
門清淨無二無二分無別無斷故一切智智
清淨故法界意識界及意觸意觸爲緣所生
諸受清淨法界乃至意觸爲緣所生諸受清
淨故一切三摩地門清淨何以故若一切智
智清淨若法界乃至意觸爲緣所生諸受清
淨若一切三摩地門清淨無二無二分無別
無斷故善現一切智智清淨故地界清淨地

BD00217　大般若波羅蜜多經卷二八一

無斷故善現一切智智清淨故地界清淨地
界清淨故一切三摩地門清淨何以故若一
切智智清淨若地界清淨若一切三摩地門
清淨無二無二分無別無斷故一切智智清
淨故水火風空識界清淨水火風空識界
清淨故一切三摩地門清淨何以故若一切智
智清淨若水火風空識界清淨若一切三摩
地門清淨無二無二分無別無斷故善現一
切智智清淨故無明清淨無明清淨故一切
三摩地門清淨何以故若一切智智清淨若
無明清淨若一切三摩地門清淨無二無
二分無別無斷故一切智智清淨故行識名
色六處觸受愛取有生老死愁歎苦憂惱

行乃至老死愁歎苦憂惱清淨若一切三摩
地門清淨無二無二分無別無斷故
善現一切智智清淨故布施波羅蜜多清淨
布施波羅蜜多清淨故一切三摩地門清淨
何以故若一切智智清淨若布施波羅蜜多
清淨若一切三摩地門清淨無二無二分無
別無斷故一切智智清淨故淨戒安忍精進
靜慮般若波羅蜜多清淨淨戒乃至般若波
羅蜜多清淨故一切三摩地門清淨何以故
若一切智智清淨若淨戒乃至般若波羅蜜
多清淨若一切三摩地門清淨無二無二分
無別無斷故善現一切智智清淨故內空清
淨內空清淨故一切三摩地門清淨何以故

BD00217　大般若波羅蜜多經卷二八一

淨內空清淨故一切三摩地門清淨何以故
若一切智智清淨若內空清淨若一切三摩
地門清淨無二無二分無別無斷故一切智
智清淨故外空內外空空空大空勝義空有
為空無為空畢竟空無際空散空無變異
空本性空自相空共相空一切法空不可得空
無性空自性空無性自性空清淨外空乃至
無性自性空清淨故一切三摩地門清淨何
以故若一切智智清淨若外空乃至無性自
性空清淨若一切三摩地門清淨無二無二
分無別無斷故善現一切智智清淨故真如
清淨真如清淨故一切三摩地門清淨何以
故若一切智智清淨若真如清淨若一切三
摩地門清淨無二無二分無別無斷故一切

平等性離生性法定法住實際虛空界不思
議界清淨法界乃至不思議界清淨故一切
三摩地門清淨何以故若一切智智清淨若
法界乃至不思議界清淨若一切三摩地門
清淨無二無二分無別無斷故善現一切智
智清淨故苦聖諦清淨苦聖諦清淨故一切
三摩地門清淨何以故若一切智智清淨若
苦聖諦清淨若一切三摩地門清淨無二無
二分無別無斷故一切智智清淨故集滅道
聖諦清淨集滅道聖諦清淨故一切三摩地
門清淨何以故若一切智智清淨若集滅道
聖諦清淨若一切三摩地門清淨無二無二
分無別無斷故
善現一切智智清淨故四靜慮清淨四靜慮

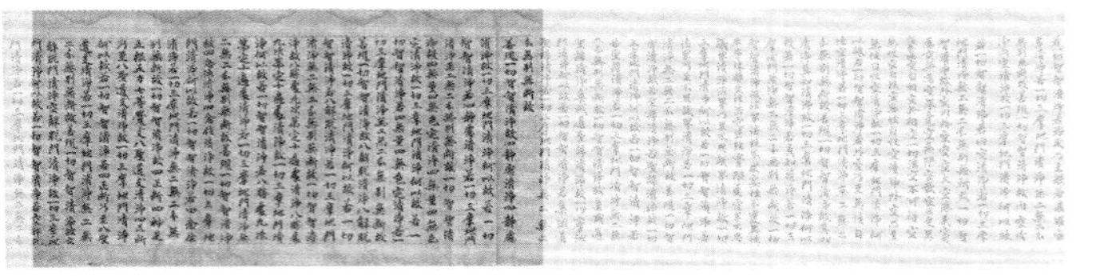

分無別無斷故
善現一切智智清淨故四靜慮清淨四靜慮
清淨故一切三摩地門清淨何以故若一切
智智清淨若四靜慮清淨若一切三摩地門
清淨無二無二分無別無斷故一切智智清
淨故四無量四無色定清淨四無量四無色
定清淨故一切三摩地門清淨何以故若一
切智智清淨若四無量四無色定清淨若一
切三摩地門清淨無二無二分無別無斷故
善現一切智智清淨故八解脫清淨八解脫
清淨故一切三摩地門清淨何以故若一切
智智清淨若八解脫清淨若一切三摩地門
清淨無二無二分無別無斷故一切智智清

[illegible]
淨何以故若一切智智清淨若八勝處九次
第定十遍處清淨若一切三摩地門清淨無
二無二分無別無斷故善現一切智智清淨
故四念住清淨四念住清淨故一切三摩地
門清淨何以故若一切智智清淨若四念住
清淨若一切三摩地門清淨無二無二分無
別無斷故一切智智清淨故四正斷四神足
五根五力七等覺支八聖道支清淨四正斷
乃至八聖道支清淨故一切三摩地門清淨
何以故若一切智智清淨若四正斷乃至八聖
道支清淨若一切三摩地門清淨無二無
二分無別無斷故善現一切智智清淨故空
解脫門清淨空解脫門清淨故一切三摩地
門清淨何以故若一切智智清淨若空解脫

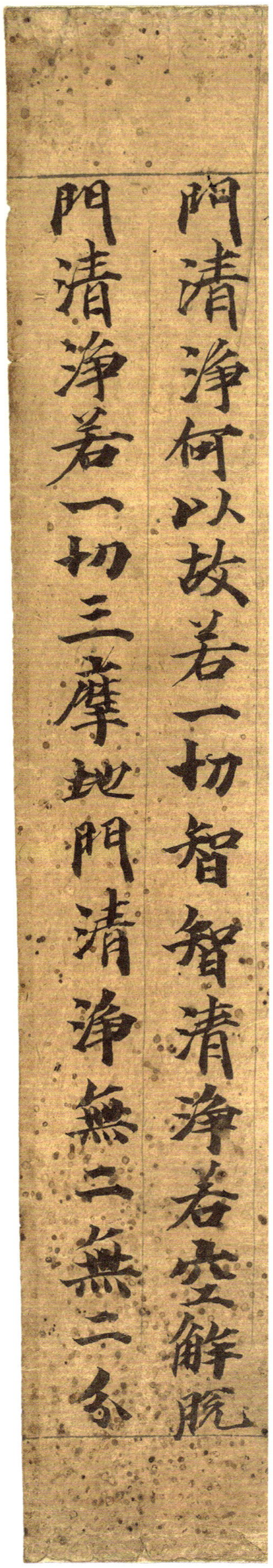

門清淨何以故若一切智智清淨若空解脫
門清淨若一切三摩地門清淨無二無二分

BD00218

大般若波羅蜜多經卷二二九

（唐）玄奘 譯

96.8cm × 26.2cm

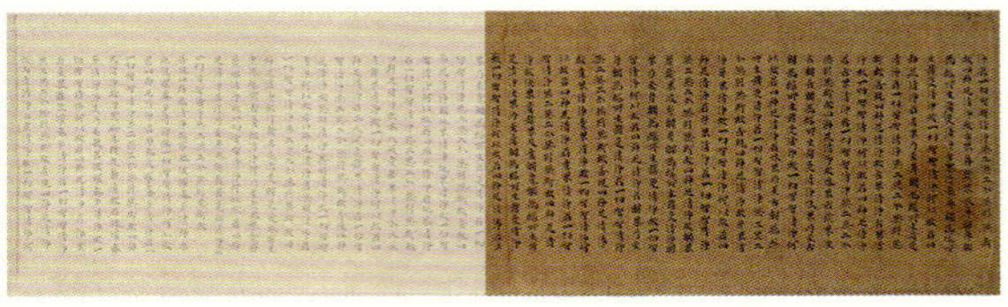

淨若一切智智清淨無二無二分無別無斷
故四神足清淨故香界鼻識界及鼻觸鼻觸
為緣所生諸受清淨香界乃至鼻觸為緣所
生諸受清淨故一切智智清淨何以故若四
神足清淨若香界乃至鼻觸為緣所生諸受
清淨若一切智智清淨無二無二分無別無
斷故善現四神足清淨故舌界清淨舌界清
淨故一切智智清淨何以故若四神足清淨
若舌界清淨若一切智智清淨無二無二分
無別無斷故四神足清淨故味界舌識界及
舌觸舌觸為緣所生諸受清淨味界乃至舌
觸為緣所生諸受清淨故一切智智清淨何
以故若四神足清淨若味界乃至舌觸為緣

淨身界清淨故一切智智清淨何以故若四
神足清淨若身界清淨若一切智智清淨
無二無二分無別無斷故四神足清淨故觸界
身識界及身觸身觸爲緣所生諸受清淨觸
界乃至身觸爲緣所生諸受清淨故一切智
智清淨何以故若四神足清淨若觸界乃至
身觸爲緣所生諸受清淨若一切智智清淨
無二無二分無別無斷故善現四神足清淨
故意界清淨意界清淨故一切智智清淨何
以故若四神足清淨若意界清淨若一切智
智清淨無二無二分無別無斷故四神足清
淨故法界意識界及意觸意觸爲緣所生諸
受清淨法界乃至意觸爲緣所生諸受清淨
故一切智智清淨何以故若四神足清淨若法

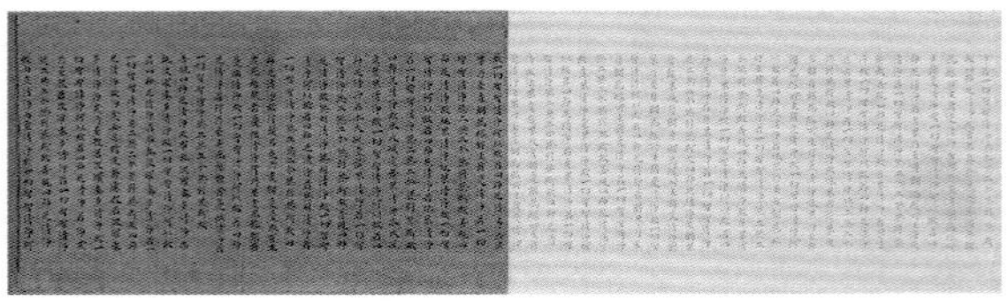

故一切智智清淨何以故若四神足清淨若法
界乃至意觸爲緣所生諸受清淨若一切
智智清淨無二無二分無別無斷故善現四
神足清淨故地界清淨地界清淨故一切智
智清淨何以故若四神足清淨若地界清淨
若一切智智清淨無二無二分無別無斷故
四神足清淨故水火風空識界清淨水火風
空識界清淨故一切智智清淨何以故若四
神足清淨若水火風空識界清淨若一切智
智清淨無二無二分無別無斷故善現四神
足清淨故無明清淨無明清淨故一切智智
清淨何以故若四神足清淨若無明清淨若
一切智智清淨無二無二分無別無斷故四
神足清淨故行識名色六處觸受愛取有生

足清淨若行乃至老死愁歎苦憂惱清淨若
一切智智清淨無二無二分無別無斷故
善現四神足清淨故布施波羅蜜多清淨布
施波羅蜜多清淨故一切智智清淨何以故
若四神足清淨若布施波羅蜜多清淨若一
一切智智清淨無二無二分無別無斷故四神
足清淨故淨戒安忍精進靜慮般若波羅蜜
多清淨淨戒乃至般若波羅蜜多清淨故一
切智智清淨何以故若四神足清淨若淨戒
乃至般若波羅蜜多清淨若一切智智清淨
無二無二分無別無斷故善現四神足清淨
故内空清淨内空清淨故一切智智清淨何

圖書在版編目（CIP）數據

中國國家圖書館藏敦煌文獻．第一六册／中國國家圖書館編．—北京：國家圖書館出版社，2023.12

ISBN 978-7-5013-7891-3

Ⅰ．①中…　Ⅱ．①中…　Ⅲ．①敦煌學－文獻　Ⅳ．①K870.6

中國國家版本館CIP數據核字（2023）第217339號

書　　名　中國國家圖書館藏敦煌文獻·第一六册

著　　者　中國國家圖書館　編

項目統籌　魏　崇　殷夢霞

責任編輯　黄　鑫　程魯潔　潘　竹　苗文葉

責任校對　劉　倩　王　衡

出版發行　國家圖書館出版社（北京市西城區文津街7號　100034）

（原書目文獻出版社　北京圖書館出版社）

010-66114536　63802249　nlcpress@nlc.cn（郵購）

網　　址　http://www.nlcpress.com

排版印裝　天津裕同印刷有限公司

版次印次　2023年12月第1版　2023年12月第1次印刷

開　　本　787×1092　1/8

印　　張　43

書　　號　ISBN 978-7-5013-7891-3

定　　價　2800.00圓